「超」怖い話 戊《つちのえ》

松村進吉 編著

深澤夜、原田空 共著

JN207924

竹書房文庫

※本書に登場する人物名は、様々な事情を考慮して全て仮名にしてあります。また、作中に登場する体験者の記憶と体験当時の世相を鑑み、極力当時の様相を再現するよう心がけています。現代においては若干耳慣れない言葉・表記が登場する場合がありますが、これらは差別・侮蔑を意図する考えに基づくものではありません。

ドローイング　担木目鱈

まえがき

今夏も読者諸氏に、とれたての「超」怖い話をお届けする。

〈十干〉シリーズとしては早くも五冊目、本書で折り返し地点を迎えることになった。冊を重ねるごとに段々と忌まわしさが増してゆくように感じるのは、おそらく著者だけではあるまい。元より実話怪談を書き、読むということ自体が、いわば影を愛でるような行為である以上、致し方ない面もあるのだが――。

『丁』で深澤・原田の両名が参入したことによって、その不安は益々加速している。

ふたりが持ち込む話は、どれも独特の色に彩られたものばかりだ。

夜の向こうには異界が覗き、空の彼方には虚空が広がっている。

正直あまり深入りしたくないような怪異も目立つ。

お気をつけ願えればと思う。

今回は、いつも以上に困難の伴う執筆であった。

決して先代に倣う訳ではないのだが、およそ尋常な進行ではなかった。

どういう訳か毎年この時期になると、様々なトラブルや雑事が頻発するのに加え、体調まで崩れてくる。今年は心療内科にまで通う羽目になったと言えば、その混迷ぶりをいくらかはご想像頂けるかも知れない。

現在は、両腕の傷口から膿の滲出が止まらなくなっている。

どこでついたのかもわからぬ傷である。

心当たりがあるとするなら、取材で訪れたとある墓地の草むらということになるが、そこで起こったという話を書いたのが不味かったのだろうか。

しかし現に執筆は終わり、こうして出版までされてしまったからにはもう遅い。

精々明日、お医者にでもかかるとしよう。


ともあれそんな死線上であそぶかのような有様の私を、出口まで導いて下さった竹書房O女史には、いくら感謝してもしきれない思いでいる。

貴女の灯すランタンがなければ私はとっくに道に迷い、夜・空の両名にあとを任せて、失踪でもしていたに違いない。心より御礼を申し上げたい。

怪談話を形にするというのは、どうしてなかなか命がけの仕事である。我々書き手にとっては登山や素潜りをやっているのに近い。本書はそんな挑戦の果てに記された、不吉なレコードとも言えよう。今年も是非、じっくりとご堪能頂きたい。

編著者

目次

ノック

夜半、純子さんが自分のアパートでゴロゴロしていた時だ。
〈バンバンッ!〉
強烈な音がした。
辛うじて地震とは思わなかったものの——思わず天井を見る。
〈バンバンッ!〉
壁を木製バットでぶっ叩くような、それにしては感覚が短い。
このリズムはノックである。
ドアを見る。
〈バンバンッ!〉
台所の向こう、短い廊下の奥で、ドアが激しく揺れたのがここからでもわかる。

とんでもなく乱暴なノックだ。

彼女は、直前まで何かしていたはずだが、それを綺麗に忘れてしまうほど驚いた。

怖い。何もできない。

下手に動いても気取られる。

しかし――。

〈バンバンッ！〉

音に追い立てられるように、少しずつ移動し、ベランダ側の窓を開けて外へ出る。

五階である。

隣室との仕切りを壊して逃げ込むことはできるが、もし留守ならそれまで、居たとしても開けてもらえなければベランダから逃げてもベランダである。

〈バンバンッ〉

外にまで聞こえてくる。

ドアが壊れるのではないか――。

じっと身をかがめていると、〈ガチャッ〉とドアの開く音がして、カーテンに人影が映った。

ノック

誰かまでは分からない。

〈……純子ちゃんいないのかぁ〉

はっきりとは聞こえなかったが、そう聞こえた。

すぐに人影が消えて、ノックの音は止んだ。

どれほど隠れていたか定かではない。体感では二時間か三時間だ。恐る恐る室内を覗くとそこには誰もいなかった。

荒らされた様子も、捜索された様子もない。

それどころか——ドアは施錠されたままだったのである。

本当に自分の部屋に起きたことだったのか。

だが先ほどの人影は自室にあったし、何より……。

〈純子ちゃん〉

そう呼んでいた。

警察に通報したところ親身になって話を聞いてくれた。

しかし防犯カメラには侵入者らしき怪しい人物は映っておらず、事態は一変した。

別室の住人が怪しいのだ。

「すぐに引っ越そうって決めて……」

新居を即決し、一番早い業者を選び、即日荷造りを始めた。


引っ越し当日。

業者は一人で、小型トラックで乗り付けた。

テキパキと段ボールを運び出し、新居までは純子さんも同乗する。

業者が運転席に座り、純子さんも助手席でシートベルトを締める。

すると。

〈バンバンッ〉

トラックが揺れた。

ギョッとした業者が窓から後ろを見る。

「……ちょっと、乗っててください」

彼は慌ててトラックを降り、トラックの周りをぐるぐる回ったのだが首を傾げながら戻ってきた。

運転席から身を乗り出してトラック上部まで確認するが……。

「……なんだったんだろーなぁ、今の」

すると再び。

〈バンバンバンッ〉

業者の顔が曇る。

彼はサイドミラーを確認し……硬直した。

目を見開いて、ミラーを凝視する。

「なに、なんです」

純子さんはようやくそれだけ聞いた。

業者は答えず、我に返ってトラックを発進させた。

「いや、あれは……見ない方がいいッス」


「幸い、その後は何もないですね」

ごく最近の話である。

最初の花

山尾さんには今年五歳になった娘さんがいる。

「私、独身の頃からずっと試してみたかったことがあって――」

結婚して、子供が生まれたら必ずやろうと決めていた。

「お腹の中にいる時や、生まれてくる前の記憶を、一度訊いてみたかったんです」

以下は、彼女と娘さんの問答を再現したものである。

※

ねえ、リリカ。お母さんちょっと訊きたいことがあるんだけどナ。

「なに?」

わからなかったらいいんだけど、質問していい？

「いいよ」

リリカは、生まれてくる前、どこにいたのかな？

「……生まれてくる前？　生まれてくる前は、生まれてないからどこにもいないでしょ」

どこにもいなかったの？

「いないでしょ。なに言ってるのママ。へんなの」

そっかぁ。そうだよね、ふふっ。

じゃあさ、リリカが覚えてる、一番最初のことってなぁに？

「……一番最初？」

うん。昨日より、一昨日より、もっと前。

もっともっと、ずーっと前。

いっちばん最初のことって、何だったか覚えてる？

「……一番最初はねぇ。一番最初は、お花だよ」

お花？

「うん。お花畑。リリカ、お花畑に行ったんだよ」

そうなんだぁ。いいねぇ。

綺麗だった？

「うん。キレイ。白いのとかね、黄色いのとかね、いっぱいあった」

そっかぁ。お花畑かぁ……。

「うん。ずーっと向こうまであった。……それでね、あっちに知らない人がいてね」

うん。

「おいでー、おいでー、って言うから、リリカどうしようかなーって、困っちゃった」

……うん。

「おいでー、おいでー、って。ずーっと言ってるの。ずーっとずーっと言ってるの」

…………。

「でもね、リリカがどうしよかなーって迷ってるうちにね、全部なくなっちゃった」

…………。

「お花畑も、知らない人も、パーッて消えちゃったの。……ママ？　どうしたの？」

※

山尾さんの娘さんは、生後すぐにＮＩＣＵ――新生児集中治療室に入っている。重度の新生児仮死で、一時は危険な状態だったそうだが、今は幸いにして後遺症もなく、健康に育っている。

「……正直、聞くんじゃなかったな、って少し後悔してますね」

実は娘さんが産まれる一か月前に、ご主人の祖父が心不全で亡くなったのだそうだ。

「お祖父さん、リリカが産まれたらすぐに連れてきてくれ、って言ってて。ひ孫に会えるのが楽しみで楽しみでしょうがない、ってずっと言ってたから……」

――勿論、考えすぎであるとは思いたい。

そう言って、山尾さんは小さく息をついた。

タダのもの

今から二十年ほど前、吉川さんが小学六年生の時の話。

当時彼女のクラスでは、「ゼロ円のお土産」を交換するという、奇妙な遊びが流行っていた。

「きっかけは、誰かが先生に注意されたからだったような気がします。旅行のお土産なんかをやりとりするのは、お金もかかることだし感心しないとか何とか……」

すると女子のひとりが、旅先で摘んだ花を押し花にして、友達に配った。

子供なりの知恵であるし、先生に対する面白半分の抵抗でもあったろう。

「それが結構ウケたものだから、女子の間でちょこちょこ、元手のかからないプレゼント交換が始まったんですね。綺麗な石だったり、自作の切り絵だったり」

勿論、十も二十も用意してくるのは難しいので、その個数は限られている。

何日かに一回、朝の会の前。

教室の片隅で誰かがお土産を並べ、欲しい人にあげる。

吉川さんも、シーグラス——浜辺で拾ったガラス片を持って行ったことがあった。

その淡い色合いは好評で、欲しがる人が殺到したそうである。


そんな、ある日。

ひとりの女子が、それまでにない変わったものを持参した。

キラキラと光る紗まで入った、綺麗な布地。

複雑な花弁のように結ばれた紐。

手のひらに収まるサイズ。

——御守りである。

その数、三個。

「どうしたのこれ、買ったの?」と質問が飛んだのも無理はない。

持ち込んだ女子は「ううん、タダだよ。もらってきたの」と誇らしげに笑って胸を張る。

へえー、すごい。欲しい。

私も欲しい。私も、私も――。

俄かに争奪戦が起こり、少女らは無邪気に、ジャンケンで誰がもらうかを決めた。

そして吉川さんは見事――大人っぽい藍色をした、最後のひとつを手に入れた。

「……やったぁ！　どうもありがとう！」


余程気に入ったのだろう。彼女はその夜、その御守りを握って布団に入った。

指先をくすぐるしゃらしゃらとした質感が心地よい。

ほんのりとだが、お香のようないい匂いもする。

今までもらったお土産の中で一番の当たりだな、と思いながら深呼吸をして。

ゆっくりと、眠りに落ちる――その、寸前。

「あれ……？」

枕に置いた頭が、ぐらぐらぐら、と揺れ始めた。

何故揺れているのかはわからない。首から下は動かない。

そして硬く冷たい何かが、布団の中の手に触れる。

親指を挟まれる。

「い……、ッたい……！　いた、ぃ……」

まるでペンチのようにギリギリと、骨が潰れてしまうくらいの痛み。

指はそのまま真っ直ぐに伸ばされてから、フッ、と解放された。

続いて人差し指。

メリメリメリ……、と挟み上げられ、潰され。

「ぃいい……！　痛いよ……、いたいよぉ！」

絞り出すように声を上げるが、最早視界すら定かではない。

生まれて初めて味わうほどの激痛。大量の脂汗が滲み、髪が顔にべったりと張り付く。

続いて、中指。

薬指。

「ひ……、ひぃぃ……。ひいいいぃ……」

最後の小指が開かれる頃には意識も混濁し、ただすすり泣きを上げるばかり――。

右手の指が全部、潰されてしまった。

指がなくなってしまった。

自分がどうして、こんな目に。

吉川さんは絶望的な思いを抱きながら、やがて、暗闇に溶けた。

――翌朝、藍色の御守りは何故か布団の外、部屋の隅に転がっていた。

「不思議ですけど、誰かがそこに放り投げたみたいに……。指は、ご覧のとおり全部ちゃんとついてます。あんなに痛かったのに、痣ひとつ残ってませんでした」

この御守りのせいだ、というのは流石にわかった。

これを持ってちゃいけないんだ。

彼女は青い顔でランドセルを背負い、家を出て――通学路の途中の工事現場に、それを投げ捨てたという。

「……もう、どうしていいかわからなかったので。とにかく捨てなきゃ、と思って」

同じく御守りをもらった子の内、ひとりは翌週オートバイに撥ねられ、足の腱を傷めて走れなくなった。

残るひとりはケロッとしていたというが、中学校に上がってから不登校になり、以来姿を見ていない。

「本当に、怖いですよね子供って。今ならあの御守りの出どころも想像がつきますけど、当時はただ、綺麗なものをもらえて嬉しいなとしか思わなくて……」

返納箱に鍵を掛けている寺社は少ない。

大抵は手を突っ込めば持ち帰れてしまう。

要は、そういうことだろう。

それからも「ゼロ円のお土産」の交換は続けられていたが、タダの恐ろしさというものを知った吉川さんは、以後参加しなかったという。

穴

楠木はずっと妹さんと不仲だった。

幼い時分から喧嘩の絶えない兄妹で、中学高校と進むにつれ、お互い顔を合わせることすら避けるようになっていった。

「まあひとことで言えば、気に入らなかったんだ。あいつの性格にイライラしてしょうがなかった。裏表があるっつうか、何でも人のせいにするっつうか……」

子供の頃はそれも放っておけば済む話だったが、彼女が大学受験に失敗したことまで、こちらの責任にされてはたまらない。

「俺は自宅から大学に通ったんだけど、そもそもそれが悪いって。まさか家に残るとは思わなかったとか、自分が出て行かなきゃしょうがないから、無理に難しい大学を目指したとか――もう本当に難癖、無理筋ってやつ」

妹さんは浪人という現実が受け入れられず、ヒステリックな言動を繰り返した。兄を追い出すか、自分が出て行くか、どちらか選んでよ、などと両親に迫ったりもした。家族会議を繰り返した結果、結局彼女は、ひとりで上京して予備校に通うことになったという。

「ふざけてるだろ？　あいつの狙いは最初からソレでさ、とにかく一日でも早く、都会で暮らしてみたかっただけなんだよ。……まあ俺としては、さっさと出て行ってくれるのに越したことはないから」

楠木はあえて余計な口は挟まぬようにし、我関せずの立場を守った。

荷造りでもしているのか、夜遅くまでガタゴトとうるさい日が数日続き――。

気がついた時にはもう、妹さんの部屋はカラになっていた。

――それから、およそ十年。

彼は妹さんの顔はおろか、声すら聞かずに過ごしたという。

時折母親が「あの子、受験諦めたって」とか、「エステサロンで働くって言ってるわ」などと知らせてくれることもあったが、まったく興味が湧かなかった。

あんな奴のことはどうでもいい。

精々、借金を作ったりしてこちらに迷惑をかけてくれるなと祈る程度。

彼女がどこでどんな暮らしをしているのか想像すらしないまま、楠木の毎日は過ぎていった。

※

三十歳の頃の事である。

ふと思い立った彼は、自室の模様替えを始めた。

趣味で集めている六インチのミリタリーフィギュアのために、専用の飾り棚を購入したらしい。

直射日光を避ける必要から、設置には本棚を置いてある場所が良いと考えた楠木が、それを動かすと。

壁に、十五センチほどの丸い穴が。

「……ああ、そっか」

すっかり忘れていた。

それはまだ高校生の頃、楠木自身が開けた穴だ。

内容はもう忘れてしまったが、妹さんと喧嘩になり――各々の部屋へ戻ったものの腹の虫が収まらず、彼は怒りにまかせて壁を殴った。

妹さんは悲鳴を上げ、廊下に飛び出していった。

その小気味良さに、楠木は大笑いした。

勿論、あとで両親にこっぴどく叱られたのだが。

つまりその穴の向こうは、妹さんの部屋である。

「うーん、どうすっかな……」

据えようとしている飾り棚には背板がなかった。

このままでは、穴が丸見えになってしまう。何かポスターのようなものでも貼るか――。

彼は何気なく背を丸め、その薄暗い奥を覗いた。


――妹さんと、目が合った。

ヒュッ、と思わず息を呑んで仰け反る。

なんでいるんだ。

そんな馬鹿な。

数秒の逡巡ののち、楠木は再度穴を覗く。

見間違いではない。いる。

壁から三十センチほど離れた場所から、こちらを見ている。

「……何やってんだお前」

妹さんは無表情。返答はない。

彼は苛立つ。

「……なんでいるんだよ。おい!」

怒声を上げたが、まるで反応しない。

混乱した楠木は足を踏み鳴らしながら廊下に出て、バンッ、と隣室の戸を開け放った。

埃っぽい、今や物置となっているその室内は、無人である。

「はぁ……?」

見間違いなどではなかった、確かにいた。そこに座っていたのに。

いない。

背筋がゾクゾクと冷え始め、彼は足早に自室に戻った。

少し思案して、再度穴を覗く。

——いる。

こちらを凝視している。

どうなってる。

何だこれは。

※

穴の向こうの妹さんは、見覚えのない派手な服を着ていた。

髪の長さも高校生の頃とは違っており、顔全体の印象も違う。

即ち丁度、十年分の歳を取っているように楠木には見えた。

これが他人事ならそんな馬鹿なこと、と笑い飛ばしもできただろうが——なにぶん自分の目で見てしまった以上、嘘も本当もない。

ほんの数十センチ先に、確かに存在していたのだ。

彼は本棚を元の位置に戻し、模様替えを止めた。

そしてその穴のことを忘れようと努めた。

――妹さんの訃報が伝えられたのは、その翌々月のことだった。


「自殺だったよ。上京先のマンションの部屋で首吊り。家賃は二か月滞納してた」

最後の最後まで迷惑かけやがって――と、楠木は激しい憤りを感じた。

悲しみなどは微塵も覚えず、哀れにも思わなかった。

「お袋は寝込んじまったし、親父もそれから一気に老け込んで……。親不孝にもほどがあるだろう、そう思わないか？」

葬儀の席で彼の目に浮かんだ涙は、怒りから来る悔し涙だった。

遺体の状態が悪いと忠告を受けたこともあり、楠木は棺の中を見ていない。

十年ぶりに再会した生身の妹さんは、火葬台の上で骨になっていた。

※

四十を過ぎて未だ独身の楠木は、最近ようやく実家を出たという。

一体どんな心境の変化かと、友人らは訝しんだらしい。

「……いや。実は何年か前から、フィギュアの数が増えすぎてな。もうどうやっても置き場所がなくて、やっぱり棚を増やそうと思ったから」

新しい飾り棚を買い、古い飾り棚を動かし。

直射日光を避けるために、本棚の場所を空けようとした。

「忘れよう忘れようと思ってたら、本当に忘れてたんだよ——あの、穴のことを」

再びさらけ出されたされた、薄暗い開口。

駄目だ——。

もう見ては駄目だ、と思いながら楠木はやはり、それを覗いてしまった。

薄暗い隣室の中には、グズグズに焼け焦げた骨格標本のようなものが座っていた。

遅喋

旅行で北関東へ足を運んだ際、地元の居酒屋で偶々隣に座った、間も無く米寿を迎えるという翁から聴いた話。

五十年程前のことだという。

翁の甥御が年頃となり、隣の町から嫁を迎えた。経済的には決して豊かとは言えなかったが、夫婦の仲は周囲の者達が羨むほどに睦まじく、婚姻から程無くして子宝を授かった。玉のような女児であったという。当時としても幾分小さく産まれたその子は、親族の心配をよそに、病気一つすることなく、すくすくと育った。

二歳を過ぎた頃、甥御夫婦は、我が子の言葉の遅れに気付き始める。

集落の同じ年頃の子供達が、月齢に合わせて二語、三語と意味を含んだ言葉を発するようになる中、甥御夫婦の子は発語こそあるものの、意味を成さない言葉を話す。「ゲ」「ガ」「グ」のような濁音を含む言葉が目立って多い。

夫婦が暮らしていたのが山間の田舎町であったからか、親族も含め、鷹揚に構えてはいたものの、月日を重ねるにつれ、周りの子供達との差が明らかになり、夫婦にも不安と焦りが生じた。懸命に言葉を教えても、子は一向に覚える気配が無い。こちらの話すことを理解しているのかも判然としない。

我が子との意思の疎通が図れないことに、胸が締め付けられた。

子が五歳の誕生日を迎えようとする頃、一度、医者に診て貰おうという話になった。しかしながら、田舎町のこと。老齢の町医者に我が子を預けるのは心許ない。夫婦は町長に相談し、県境を跨いだ大学病院の医師を紹介して貰った。

病院までは電車を四度乗り換え、二時間半程掛かった。

診察室に入ると、丸椅子に腰掛けた医師は簡単な挨拶をした後、子に幾つかの質問をした。子は医師の言葉を理解しているのか定かではないが、何事かを医師に向けて一心に話し続けている。

いつもの通りの意味を成さない言葉。

一通りの問診の後、夫婦は医師から「身内に外国籍の人間がいるか」と訊かれた。夫婦は首を振る。医師は首を傾げ、眉間に深く皺を寄せる。

子が発していたのは、流暢《りゅうちょう》なドイツ語であったという。

強制終了

山岸さんの趣味は深夜のドライブである。

ストレス発散のために楽しんでいたことが、日々ともなると妙な癖ができた。

「仕事でトラブって、エラい落ち込んでたんですよ。で、山ん中バーッと流してたら、イヤでも気になるじゃないですか」

道路わきに、一際目につく華やかな色。

ヘッドライトに浮かぶたび、彼は気に留めた。

交通事故だろう。犠牲者への献花だ。

「オッってなりますよね。まぁ、それくらいはわかりますよね」

目につくうち、彼はわざわざ車を停めて見物するようになった。

花は新しいものも古いものもあり、供物も水、タバコ、はたまた酒の時もある。

そう多くはないが写真のこともあった。

「見たらこっちが凹みそうだなーと思ったんですけど、大体は仲間内の写真で。まぁ、好きなことやって死んだんだな、と」

そうしているとある時、カーステレオから奇妙な話し声が聞こえてきたことがある。

ほとんどはトラックの違法無線だが、このときは走っても走っても消えない。

「気味悪いなと思ったんですけど、家に帰る頃には消えていて。道中軽く百キロ以上あったんですけど、その間ずーっと同じ調子で」

普通ならもっと怖がっただろうが、なにせ運転中のことである。

「運転ってまぁ、何気に集中してるじゃないですか。あと何もないとこ走ってると気も大きくなるし」


そうしてまたある時。

彼はまた夜の山中を流していた。

道路わきに献花を見つけた。

「オッ、久しぶりだな、と。不作続きだったんで、つい」

だが車を停めて見てみると、いつもと様相が違った。

荒らされていたのである。

花弁は散らばり、折れたフレームから写真がはみ出し、ペットボトルは真ん中で砕けて転がっている。

現場は大きくゆるいカーブの入り口であった。

(誰かが突っ込んだんだろうなぁ……)

気を取り直してドライブを続けていると、車内にもぞもぞとしたざわめきが起きた。

すぐに気付く。前にも同じ経験があったからだ。

助手席、バックミラー、サイドミラー。反射的に視線を回すが、特に異常はない。

そうしている間もざわめきは大きくなり、やがて足を乗せたアクセルペダルの奥から湧き上がるように、低い音が響いた。

唸るようなそれは、念仏であった。

「お経って何種類あるのか知らないですけど、あんま聞いたことないタイプでしたね」

ドライブ中、車内にお経が聞こえるのは二度目であった。

こうなると容易には消えない。

ラジオをつけても、念仏が気になる。

カーステレオにして音楽をかけたが、読経は消えずに混じってしまい余計に気になった。

スイッチを切ると、車内には念仏だけが残った。

もの寂しくなってきた彼は峠を抜けて市内に戻ろうとした。

真っ暗闇に一軒のコンビニが見えたので、彼は一旦休憩することにした。

空っぽのコンビニの駐車場に出ても尚、念仏が聞こえる。

車から漏れているのかと思ったが——数歩歩くうちにそうではないことに気付いた。

「エンジンかけっぱにして車を降りたんですけど……外に出ても念仏がついてくるんですよ」

コンビニでブラックのコーヒーを買う間、店員が不審そうにこちらを見ていた。

山岸さんとしてはそれどころではない。

葬式などで聞くお経はまるで音楽のように展開があって、メリハリがある。

だがこの念仏は違う。

ただただ煩い。一本調子で粗雑。淡々と同じところを繰り返しているように聞こえる。

これはいつまで続くんだろう、と不安になる。

車に戻った彼は、携帯を出して友人にメッセージを送った。

『起きてる？　ちょっと寄っていい？』

寝てると思ったのだが、返事は存外早く来た。

『は？　無理。夜勤』

『頼む。ちょっと。話だけ』

『無理。帰るの始発。五時』

時計を見た。深夜二時半である。この市内から家までおそらく一時間ちょっとはかかる。

『終わり何時？　インテで送ってやる』

『マジ？　来い。四時上がり』

バイト先まで迎えにゆくことに話がまとまって走り出した。

走っても走っても念仏はついてきた。

徐々に空は白くなってきた。先ほどからどういうわけか息苦しい。汗が出る。

腹も痛いような気がするが、首から下の感覚がやや遠く、夢の中を走っているように感じる。

信号が増えてきて、止まるたびに読経が大きくなる。

四時を回った。

信号が青になればすぐ友人のバイト先である。

携帯を取り出すと『終わった。駐車場にいる』『おーい?』『来ねえなら電車で帰るぞ』とメッセージが来ていた。少しも気付かなかったが最新が五分ほど前である。

『すまん。運転。もう着く』

まとわりつく念仏を振り払うようにしながら、大急ぎでそれだけ書いて送った。

駐車場に入り、パワーウィンドウを下げる。

友人の姿があった。

「遅ぇよ！」と駆け寄ってきた友人だったが――ウッ、と顔を曇らせ、止まった。

「お前……何、呻いてんの」

何って、と答えようとした山岸さんは、声が出ないと気付いた。

何ってなんだよ、とごく普通の一言が出せない。

「何それ……お経？」

車内に満ち、体にまで張り付く低い読経が、彼にも聞こえるのだ。

だが、友人の視線は真っすぐ山岸さんに向けられている。

咄嗟に、山岸さんは手で自分の顔を、腹を探った。

呼吸、共鳴、口と喉の動き……間違いない。

念仏は自分の口から出ていた。


「そのまんま、そいつ気味悪そうに『やっぱ俺普通に帰るわ』って逃げてったんですけど。後からヤバそうだったって言われて、そんなにかって」

家に着いて、読経は止まった。

「自分では止められなかったんですけど、鏡見たら顔真っ青で汗かいて寒くって、顎はガクガクして腹も力入らなくなって……」
衰弱の結果、事実上読経ができなくなり止まったのだそうだ。
今でも彼は深夜のドライブには出かける。
彼の新しいあだ名は「坊主」である。

まねかぬ

マンション暮らしの岩井さんが夜遅くに帰宅すると、時々、大きな白猫がこちらを向いて座っている。

ほの暗い部屋の中で緑に光る、ふたつの目。

電気をつけるとそれは消える。

翌日、必ず少額の小銭を落とすという。

「……もう二十年も前ですけど、私小さい頃、実家の招き猫にマジックで落書きしたんですよね。絶対、鉢割れの方が可愛いと思ったから……」

——なかなか、執念深い奴である。

中村さん

「タレントさんではないんですけど、まぁその業界では知られた人でね、慣れたもんで」

仮に中村さんとする。

とある番組の収録に、中村さんを呼んだ。

一時間ほどの収録で、構成台本を渡して軽く打ち合わせすると「あいあい」と飲み込みも早く、いつも通りに進むと思われた。

「ちょっと煙草吸ってくる」

と中村さんは別のフロアの喫煙所に行った。

マネージャーなどは付いておらず、出演者が一人でスタジオ内を歩くのは色々良くないのだが、慣れたものなので誰も気にしなかった。

彼は一人だとエレベータを使わない。非常階段を使ってトントンと別のフロアへ行き、スッと吸って戻ってくる。

しかしこの時、時間になってもなかなか戻ってこなかったのだそうだ。

スタッフや他の出演者らは少々ヤキモキしだした。

ありそうなのは喫煙所で知人に捕まっている状況である。相手によっては、誰かが呼びにいかねばならない。

そこでディレクターの倉持さんが呼びに行くことにした。

倉持さんが呼べば、相手が誰であれすぐに意図は伝わるだろうからだ。

行き違いにならないよう、非常階段を通る。

非常階段は屋内で、よく音が響いた。

階段の踊り場のところで、突き当たりの壁には棚のような段差があった。

高さ三メートルほどのところでちょっとした段になっているのだ。埃が溜まりそうで、何のための段なのかは分からないが、とにかく段がある。

中村さんは背中をこちらへ向けて、その段から上半身だけを生やしていた。

「はぁ？　中村さん、何してるんですか？」

状況が呑み込めず、倉持さんは素っ頓狂な声を上げた。

中村さんはそのまま振り返って倉持さんを見た。

「ああ、倉持さん。いやね、フラフラしてたら、こんなところに出ちゃって」

「出ちゃってって……なんか、ケツから下、壁の段にめり込んでるんですけど、大丈夫ですか？」

「……ん？　そう見える？　ああ、そっちからはそう見えるんだ？」

引っ張ろうにも手が届かない。

階段の途中からでは遠すぎる。踊り場まで降りても、高すぎる。

どうしよう、と倉持さんは慌てた。

「誰か呼んできます？　もう司会も来ちゃってますけど、本番前に打ち合わせすることあります？」

「いや、いいよ。まぁ、なんとか戻るから、先行ってて……」

狐に抓まれたような気持ちで、倉持さんは戻った。

これが他の演者だったら脚立でも持っていくのだが、中村さんという人はなんとなくそれで納得させられてしまうオーラがあった。

五分ほどすると、中村さんがスタジオに入ってきた。

まるで何事もなかったかのように挨拶している。

「倉持さん。ちょっと今日の流れなんだけど」

「は？　さっき構成打ち合わせましたよね」

「……そうだっけ」

一応、台本のコピーを渡した。

「……この話ってここでしていいんだっけ」

「何言ってんですか、その話しに来たんですよね？　今日」

「いやさ、タイミング」

「いや……それはなんていうか……いつもお任せなんですけど——そうですね、言うとしたらこの……」

ペンを出して、言うならココというタイミングに印をつける。

中村さんはウンウンと大いに頷いて、「いやぁ、流石！　ありがと！」と肩をバンバンと叩いてきた。

そして意気揚々と収録に臨んだ。

「……で、結局指示したところと全然違うところで急に話し始めて。他の演者も『え？今その話する？』って顔で。まぁ、ちょっといつもと違ったよねえ、あの時は。まぁ、さっきまで壁にハマってたんだから、しょうがないんだけど」

と倉持さんは渋面で笑った。

中村さんが妙なタイミングで話し始めたせいで、他の出演者はだいぶ狼狽《うろた》えていた。放送では編集点を入れて、流れ上の違和感を殆どなくしていた。

それでも一人、中村さんの隣に座っていた若いタレントの女の子などは目に見えて顔色が悪くなっている。

倉持さんの上司も、放送映像を見て眉をひそめた。

「これは近々、何かあるかもね」

そういうことは、わかってしまうのだそうだ。

一方、収録中に様子がおかしくなったタレントにも倉持さんは聞いてみた。

最初は渋っていたが、暫《しばら》くしつこく尋ねると、気まずそうに話してくれた。

「あのね、中村さんを誰かが引っ張ってたんですよ。こう、座ってるジャケットの裾のところを、後ろからクイクイッって」

視界の隅っこで、彼女はそれを見ていた。

「それであの、急に喋り出したタイミングね、後ろからハッキリ『はいここ』って聞こえたんですよ。男の声で。後ろすぐ壁だったじゃないですか。セットの後ろにスタッフがいたのかなって思ったけど」

セット？　と倉持さんは言った。

「申し訳ないんだけどあの番組、セットまではなくってですね。あれはただの壁です」

「……ですよねぇ。でもすごいハッキリ聞こえて、放送にも乗るかと思ったんですけど」

——放送では編集されていた。だが編集前にも、そんな声には気付かなかった。

その後、中村さんの会社でトラブルがあり、大損害を出した。

中村さんも表に出ることはなくなったという。

バタートースト

「なんでそんなこと始めたのか、全然思い出せないんですけど」

諸井さんは、よく石を砕いては、粉末状になったそれをバタートーストにパラパラと塗《まぶ》して食べていた。

「バターは先に塗《ぬ》る派です。石はトーストしてから塗します」

おいしいの？　と聞くと、「そりゃあ石によりますけど」と諸井さん。美味しい石を探すのが楽しいのだという。

「でも、街中で転がってるような石って、いけそうだなぁと思っても硬くて……。ちょっとやそっとハンマーでぶっ叩いても砕けない」

国道に置いてトラックに踏ませたが、どこかに飛んで行ってしまうだけだった。化粧用に散らしてある石は元々硬い岩を砕けるまで砕いたものだ。

岩といっても質、目、産地によって多彩な種類がある。

「生活圏だと加工された石が殆どですけど、風化が入るとこれが更に多彩で……」

刺身のような小矢部石《おやべいし》、煎餅のような鉄平石《てっぺいせき》、ハンバーグのような亀甲石《きっこうせき》は高級品、飴のような伊豆石《いずいし》は身近だ。

「でも、一番身近で食べやすいのは滑石《かっせき》ですよね」


ある日など滋賀まで出かけて行ったのだという。

信楽《しがらき》の露出した花崗岩を少しだけ削り出し、味見しているとテンガロンハットの男に声をかけられた。

「兄さん、石食うのかい。変わってるな」

男は大学教授なのだという。

石の知識が豊富で、短い会話の中でも諸井さんは色々なことを知った。

「これ、地元でとれるんだけどさ、試してみなよ」

彼が取り出したのは飴玉のように美しく磨かれた石で、表面が半透明のものもあった。

しかしどうやら、男は石を知る為に齧ることこそあれ、美味いと思ったことはないようだった。

諸井さんとは趣が異なる。彼は身構えたが——その美しさに負けて石を受け取った。見た目が良いだけでなく、それは極めて砕きやすく、美味であった。

蝋石《ろうせき》というものらしい。

そこから更に諸井さんは石食にのめり込んでゆき、本格的な加工も辞さなくなった。トーストセットと彫刻刀に加えて、かなじめ、セットウ、タンキリといった工具を車に常備した。


「そんで近場で済ますとなると、神社の石塔とか、石垣とかあるじゃないですか。風化して脆くなってるやつ」

玉垣《たまがき》である。

本来は硬度の高い花崗岩などで作られたものだが、種類と風化程度によっては脆い部分ができている。

これを工具でゴリゴリやると、表面を砕いて効率的に粉末を集めることができた。

それを持ちかえって、バターをたっぷり塗ったトーストにふりかけて頬張る。

苔むした風味も豊かであるのだという。

「味が濃いものはチーズトーストとも合うんですよねぇ」

諸井さんは更にエスカレートしていった。

彼が次に行きついたのは墓地であった。

「墓石はピカピカに磨いた石で、不味そうですよね。砂利も石垣も不味そう。でも隅っこの無念仏は、これはすごく美味いと思ったんです」

元々安い石を使っているのだろう、その風化度合いは格別で、しかも贅沢に苔を盛っている。

流石に街中の管理墓地にはない。

彼は車を飛ばして山中を渡り歩いた。

「無縁仏の墓って、特に上物は、石のくせに瑞々しさがあるんですよ」

そうしたものに一度出会ってしまっては、これまで身近で入手していた石ではもう校庭の砂を食っているようであった。

上物を探した。

あまり深く分け入ると、土地によっては石ではなく木の墓ばかりになってしまうこともあった。

「いいんです。別に墓石に拘ってたわけじゃないんで。でも落ちてる石は、退かすと虫がねぇ……」

風合いの良い小石は米に入れて炊くというのも試してみたが、これはいまいちであった。

ある時、意気込んで遠征に出た彼は、山中で面白いものを発見した。

石組みの小さな祠《ほこら》であった。

石の種類は不明である。おそらく近隣でよく見かける石質であるが、火成岩のように黒くはなく、石灰質が多い。

削ってみた感じ柔らかいが雲母《うんも》も少なく、それにしてはピンク系の色合いがあった。

ペロッとひと舐めすると、塩気が強い。海からは遠いはずなのだが。

タンキリを当ててセットウを振るうと、漬物石大の組石が簡単に割れた。

それを取り出し、更にハンマーで叩く。いとも容易《たやす》く粉末になったそれを薬包紙に乗せて車まで持ち帰った。

キャンプ用のガス式トースターを出してセットする。厚切りの食パンにたっぷりのバターを塗り、焼いた。

バターが染みて耳がカリカリになったのを見計らって、粉末にした祠の石を塗した。

一口食べてみると、強い塩気に微かな臭み、そしてアクセントとして素晴らしい食感があった。

滑石のように軽くてマイルドな粒だが、軽石程度の主張があり、それでいてそのような柔らかい石では決して味わえない満足感がある。

夢中になって食べた。

彼の記憶はそこまでである。


次に彼が気付いたのは真っ暗な水の中であった。

顔面を何度も底の岩に叩き付けられ、数度もがくうちに顔を引き上げられた。

暗い。

激しく流れる水の音。渓流である。

顔のすぐ横で男が怒鳴り声を上げていたが、諸井さんは激しく咽《むせ》ていたため何を言われているのかはわからなかった。

冷たい。寒い。

そのまま髪を引っ張られ、川岸の硬い岩の上に放り投げられる。

ようやく自分が全裸であると気付いた。

川から上がってきた男が、傍らに立つ。

大柄な男だ。彼は杖を拾い上げると被った笠を直した。

「人の気を取り戻しなさったか」


男の話によれば、諸井さんは山中で正気を失っていた。

口の中は血まみれで、前歯の上下四本がすっかり砕け、更に奥歯も大部分がなくなっていた。

乗り捨てられた諸井さんの車を見つけた山の行者が、辺りを調べて彼を発見したそうだ。

発見時は既に全裸で、無念仏の墓に噛り付いていたそうである。

「『二度と獣の墓には近寄らぬよう』って言われたんですけど、何なんですかね」

心当たりが多すぎてわからないと諸井さんは言った。

彼の奇妙な嗜好は、かなり諫《いさ》められたものの完全になくなったわけではない。

最近はチョークで我慢しているのだという。

「滑石ってチョークの元なんですよ。モース硬度一の、柔らかい石なんですって。知ってました？　あと最近はペットのトイレ砂に良いものがあって。それでトースト食べてます」

映写

木本氏は地方のとある市役所に勤務している。所属先は公有財産、即ち市の庁舎や公用車を管理する部門。彼の市では、平成[redacted]年に市立病院を新築移転した。現在は、感染症患者や救急患者の受け入れ態勢を強化しており、また、癌治療用の高度医療機器を導入し、県から[redacted]病院の指定も受けている。私も仕事の関係で足を運んだことがあるが、院内の随所に彫像や絵画が配置され、あたかも高級ホテルのような印象を受けた覚えがある。利用者の評判も上々と耳にしている。

「新しい病院はそりゃあ、まぁ、いいんですけど」

古い方がね——と、木本氏。ほぉっと長い溜息を吐き、鞄からｉｐａｄを取り出す。起動した画面を私に向け、これが古い方です、と言葉を続ける。

所々に大きな亀裂が入り、黒ずんだ外壁。正面玄関は錆びた鎖で封鎖されており、一見して、建物がすでに使われていないものであるとわかる。

「なんか予算が取れてないらしくて。取り壊しに着工できないから、昔っから僕らの部署で管理しなくちゃいけないんです」

廃病院なのに——と言って、木本氏はまた、ほぉっと溜息を吐く。


昨年の秋口頃から、この旧病院の警備を委託している大手綜合警備保障会社から、侵入者を感知したとの異常警報の連絡が頻発するようになったという。

時間帯は昼夜を問わない。それが深夜や早朝であって、緊急な対応を要さない類のものであれば、警備会社からの翌日の事務的な報告で事は足りる。しかしながら、それが日中の勤務時間内であれば、木本氏も現場に足を運ばざるを得ない。

「行ってもね、なんにも無いんですよ」

人が入れそうな場所はガチガチに施錠してあるし、そもそも廃病院に侵入しようなんてのは、怖いもの見たさの若い奴らかホームレスくらいなものでしょ——と、木本氏。

猫や鳥が通気口などから侵入でもしていてくれれば上司への説明も容易に付くのだが、

結局のところ「建物内を見回ったところ、侵入者はおらず、特に異状は無かった」との担当警備員からの報告を受けるのが常であった。

この旧病院には、当然のことながら防犯カメラが設置されている。閉院された当初は正面の玄関口や各階の通路に申し訳程度の数が設置されていたそうだが、異常警報を受ける度に、警備会社の担当者はその数を増やしていった。

警報を受信すれば、都度、担当警備員から防犯カメラの映像記録が提出される。提出されれば当然、木本氏はその映像を確認しなければならなくなる。「異状は無かった」との文言が付された映像データを確認する無意味な時間。なんの変化も無い建物内の映像が永遠と映し出されているのをぼんやりと眺める不毛な作業。

「こんなこと、いつまで続けなくちゃいけないんだろうって思ってました」

先日、木本氏が出勤すると、担当警備員から一通のメールが届いていた。木本氏は長い溜息を吐き、ルーティンのようにメールを開く。

〈漸《ようや》く。漸く映りました〉

意味がわかりかね、添付されたファイルを開く。

その画像が、これです――と、木本氏はｉｐａｄを再び私の前に向ける。

四分割された画面。それぞれ角度は異なるが、同じ場所を撮影している。四つの画像の左上には記録された日にちが表示されており、その横で1秒毎に同じ時間が刻まれていることから、同時に記録されているものであることがわかる。

廃病院の、正面玄関です――と、木本氏。

夕刻。淡い橙《だいだい》色の光が外から差し込んでいる。

と――。不意に四つの画面に突然、男の姿が映り込む。

黒髪でやや長髪。白い半そでのワイシャツにグレーのスラックス。黒い鞄を斜め掛けにしている。

やや小太り。風体から中年の男性と思われる。

画面に映る男は、全てが同じ後ろ姿。微動だにせず、俯き加減に、じっとその場所に立っている。二十秒程すると、男は現れた時と同じように、唐突に画面から姿を消した。

これ、同時に撮影されたものですよね――、と私は木本氏に念を押す。木本氏は黙ったまま頷く。

次の画像。画面は同様に四分割されている。今度は建物内の通路を撮影したもの。動きのない画面を暫く眺めていると、先程と同じように突如として男が画面に出現する。出てきた時間はさっきと同じです――と木本氏。やはり、全てが後ろ姿。唐突に現れ、唐突に消える。

コレも、コレも。コレにもコレにも。

違う角度、違う場所で撮影してるのに、映っているこいつ、全部後ろ姿なんです――。

この取材から数か月後、木本氏から「例の廃病院の取り壊しが決まりました」とのメールが届いた。

旧病院の取り壊しは平成三十二年度を予定しているという。

併せて、その跡地に市役所の本庁舎を移設する計画が進行しているとのこと。

メールの最後に「アレがいる所を壊して大丈夫なんでしょうか」「その後に庁舎を建設

しても大丈夫なんでしょうか」と書かれていた。

返事はまだしていない。

塵埋

　とある市役所で福祉部門の部署に勤める石川氏が、以前に担当した老女の話である。

　彼女は五階建ての市営団地の一室に独りで暮らしていた。齢七十。両親はすでに他界し、兄弟姉妹は無く、婚姻歴も無い。つまりは、身寄りが全く無かった。しかしながら、彼女は自治会の活動や地元の集まりに自ら積極的に参加し、温和な人柄もあってか、周囲の人々からは慕われ、皆が独居の彼女をいつも気に掛けてくれていた。

「仕方がないねぇ」が彼女のいつもの口癖だったという。自分の人生を振り返り誰かに語る時も、世間に流れる心を痛めるようなニュースにも、近所で起こるトラブルにも、良い時も、悪い時も。「仕方がないねぇ」と言って、老女は小さな顔を皺くちゃにして綻ばせる。

石川氏は老女の担当になってから、徐々に彼女と会うことが楽しみになっていった。

石川氏が何度か老女の自宅である市営団地に足を運ぶうちに、三部屋あるうちの一部屋が、常に閉め切られていることに気付く。それとなく話を向けると、老女は困ったような顔をして「見ても仕方がないよ」と言った。

石川氏は彼女に断りを入れ、引き戸を開ける。

目の前に壁が出来ていた。

それらは主に黒いポリ袋。衣類やコンビニのレジ袋などもあったが、いずれにしても、床から天井まで一部屋がぎっちりと埋め尽くされていた。


老女が市営団地に越して来たのは一年半前。彼女が言うには入居当日から、その部屋には、——彼女の話からだけでは表現が難しいが——、どうやら、漠然とした違和感を覚えていたそうである。

とは言え、漸く念願叶って入居できた市営団地である。多少のことは我慢せねばならないと、彼女は自身に言い聞かせる。

住み始めてすぐに、件《くだん》の部屋から時折、ぎぃぎぃと音が聞こえるのに気付いた。

引き戸を開けて覗いてみると、天井から縄が吊るされており、その先には髪の長い女がぶら下がっていた。

老女は驚き、這《ほ》う這うの体でリビングに戻ると、震える指で救急車を呼んだ。自分が気付かぬ間に女が部屋に入り込み、自殺を図ったのだと思ったのだという。駆け付けた救急隊は、誰もいない部屋を見て、少々呆れ気味な表情で「おばあちゃん、救急車を呼ぶときはちゃんと確認してからにしてくださいね」と言った。

その後も、昼夜を問わず、頻繁に首を吊る女は現れた。

老女の話では、特に明け方と夕暮れ時が多かったという。

彼女はほとほと困り果ててしまった。当時は転居して来たばかりで、相談する相手もいない。怖くないのかと言われれば、勿論、怖い。酷く、怖い。

しかし、女は彼女に何某《なにがし》かをしてくる訳でも無いので、見えることと聞こえる音を我慢すれば、どうにか遣り過ごせると思った。入居したばかりの住まいを引き払い、転居する金など、到底捻出できなかった。

独り、考えを巡らした末に、彼女は部屋を塞ぐことにしたのだという。

几帳面な方で、その部屋以外は細々としたものまで整頓されていて。でもその部屋は、生活ゴミも混ざっていたせいか、やはり少々の悪臭もしていました——と、石川氏。

無論、石川氏も老女の言う「首を吊った女」の話を鵜呑みにする訳では無く、かと言って、無碍《むげ》に否定することも憚《はばか》られ、話半分で客観的に受け流すようにしていたのだという。

石川氏の職場では、老女の老齢に伴う妄想の一種として、医療機関の受診を勧めるべきとの意見もあった。

結果的に、彼は老女に部屋のゴミの処分を提案した。

再三に渡る石川氏の熱心な説得により、老女は最終的には「仕方がないねぇ」と言い、石川氏の提案を、——やはり最後まで相当に渋ってはいたらしいが——受け入れることとなった。

石川氏は便利屋に件の部屋のゴミの撤去を依頼した。全てのゴミを運び出すのには、半日程掛かったという。入居当時に戻った部屋を見て満足気な石川氏に、老女は「仕方がないねぇ」とぽつりと溢した後、諦めとも付かない複雑な表情を向けたという。

「何だかんだ言っても、家が綺麗になって嬉しいのには違いないのに。きっと上手く感謝の気持ちを伝えられない人なんだろうなって、その時は思いました」

数日後、石川氏の元へ老女を担当する訪問介護ヘルパーから連絡が入った。老女が自宅で亡くなったとのものであった。

死因は縊死《いし》。

ゴミが運び出され、がらんとした件の部屋で首を括っていたという。

整頓された居間のテーブルの上には「やっぱりぜんぜんだめでした」と書かれた一枚の紙切れが置かれていた。

「ゴミが片付けば、彼女はちゃんとした生活が送れると、安易に考えていました」

行政の、福祉に携わる人間の傲慢でしかありませんでした——と、石川氏。

老女の他界後、件の市営団地の部屋には暫くして二人の幼子を連れた母子家庭が入居した。

入居から三か月後、母親が自宅で首を括った状態で発見された。

老女がゴミを詰め込んでいた部屋であったと聞いている。
この市営団地は、今もある。

限界橋

保科さんが学生時代の話である。

長期休みの間、彼は先輩の紹介で町役場でアルバイトを始めた。

それも土木課――特に老朽化した橋の検査である。

「丁度地震の影響で、土木課とか交通課の人手不足が激しくって」

公務員の仕事などできるのかと保科さんは及び腰だったが、実際に入って見ればほとんどが嘱託であった。

国交省からの要請が相当ハードらしく、近隣の市町村も多忙を極めていた。

「コアボーリングとか強度計算とか……大変だと思うでしょ？　でもねこれが実際んとこ……目視だけだったんですよ」

彼の町は川が多かった。隣町との境界も川ばかりである。

大橋、吊り橋、沈下橋……橋ならいくらでもあった。来る日も来る日も、我が町にはこんなに橋があったのかと彼は驚いていた。

主任は弘崎さんという、町の正規職員であった。弘崎さんとペアを組んで回り、助手の仕事は用具を持ったり車を回したり弁当を買いに行ったりだ。

一本の橋にかける時間は長くてもせいぜい二時間。移動と休憩があるので一日に四か所回れれば良いほうである。

目視は定期検査の中心だというのだから、決して馬鹿にはできない。

「目視だって楽じゃないんですよ。大きな橋は両岸、川上川下両側に回らないといけないし、小さな川は河原が草まみれで橋脚が見えなかったり。そもそも河原がないことも多いし」

天気が崩れればその日は仕舞いである。上流で雨が降っても同様だ。

この日も、朝から地図に沿って橋のチェックを行っていた。

午後の一本目は大きな、古い桁橋《けたばし》だった。桁橋は基本的な、地面から垂直に伸びる橋脚の上に、水平な橋桁を架けた構造を持つ。橋桁によって応力を分散する橋である。

橋脚を見に河原に降りて、弘崎さんが双眼鏡を覗く。

川幅もかなりある。橋も高く、長く、おそらく町内で五本の指に入る。

手元の図面を見ると、橋脚はこちら岸から順に番号が振られている。

「P１、異常なし。P２……上部に軽度ひび割れ……。――P３……剥離……うう～ん……ズレてるような……」

歯切れが悪い。

本当にずれているなら大事だ。それ以上は近接目視や更なる検査が必要になる。

「一応、書いといて」

言われて保科さんは記入した。

弘崎さんは更に双眼鏡を覗く。

次の橋脚に移るかと思いきや、彼はまだ中央の橋脚を見ていた。

「……P３。ひび割れ。浸水あり。……いや……あれは……」

双眼鏡を外して弘崎さんはこちらを見たが、すぐ双眼鏡を覗いて、すぐにやめた。

「……シューってわかる？　橋脚と、上んとこの継ぎ目部分」

知ってますと保科さんは答える。

「そこにさ、人って住めるかな」

「……もっとデカい橋なら住めるんじゃないっすか」

「これくらいじゃ無理だよねぇ」

世間話のつもりなのか、保科さんはわからなかったが、少なくとも弘崎さんが見ているのは川の真ん中近くの橋脚である。

「あの橋脚っすか？　どうやってあそこまで行くんすか」

「……だよねぇ。まぁ、反対側から見るか」

どうも煮え切らない。

川に沿って少し南へ歩き、橋の下部を横切って反対側から再びチェックする。

「P1、異常なし。P2、異常なし。……P3……」

数秒の沈黙。

弘崎さんが少し呻く。

そのまま沈黙は長引き、たっぷり一分程も、弘崎さんは双眼鏡を覗いたまま硬直していた。

「……P3、特記」

「特記ってなんすか」

「いいから、そのまま書いといて。特記って」

特記と言うからには何か特別に記したい中身があるはずだ。

それを尋ねたつもりだったのだが。

「その、特記事項は？」

「無し。特記とだけ。それでいいから」

煮え切らないどころの話ではない。明らかに何かを誤魔化そうとしている。

「……ちょっと俺にも見せてくださいよ」

そう双眼鏡に手を伸ばしたが、弘崎さんはこれを制した。

「やめたほうがいい」


「――目がマジでしたね。めっちゃ怒られる時の顔でした」

弘崎さんは、相手がバイトでも親切に色々教えてくれる人だ。まるで本当の後輩のようにだ。

仕事をしろとは言っても、しなくていいと言ったことはない。

この一度を除いては。


橋を通って反対側の岸に移る。

渡りながらも、橋面のチェックをする。橋桁のズレや、舗装の状態などだ。

状況は良くない。柵は錆びているし舗装もひび割れている。

反対側の河原から更に目視を行うも、やはり弘崎さんの様子は少し落ち着きなかった。

他のチェックをこなしていると、川上から雷鳴が聞こえた。

そちらの空が真っ暗になっている。

「切り上げようや」

やけに済々と、弘崎さんは土手を登った。

再び、橋を戻りながら橋の上面をチェックする。今度は反対車線側である。

橋の中央あたりまで来た時、突然異音が聞こえた。

それは金属の軋みにも似ていて、断続的に、橋の下から聞こえる。

「やばくないっすか、この音」

「……地覆も歪んでるなぁ。書いといて」

弘崎さんは、彼を無視して橋桁の歪みを測った。

メジャーを持つ手が震えている。

「弘崎さん。この音、何て書けばいいんすか」

「風だろ」

「風でこんな音したらそれはそれでヤバくないっすか」

第一、風はまだそれほどない。

「……あー、じゃあ思ったように書いてよ」

〈叫び声のような異音〉と保科さんは書いた。


「その夜ですね。役場から電話が来て、弘崎さんが家に帰ってないって言うんですよ」

お前何か聞いてない？　というわけだ。

保科さんは何も聞いていない。しかし午後はずっと様子がおかしかったこともある。

漠然と、それは心当たりになった。

「なんとなく、話聞いて浮かんだんですよ。あの橋の真ん中で、下を覗いてる弘崎さんの後ろ姿が」

彼は車を出して橋へ向かった。

外は豪雨であった。

自宅から十キロほど離れた例の橋に着き、ゆっくりと流しながら両側を確認する。

――いた。

顔は見えないが、上下とも作業着、傘もなくここに立っている人物が、弘崎さん以外の誰かであるはずがない。

渡り切ってから車を停め、傘を持って車を降りる。

橋の真ん中まで戻ると、弘崎さんは川下側を見ながら、手にした帳面に何かを必死で書き込んでいる。

「弘崎さん！　何してんすか！　風邪ひきますって！」

傘を差しだす。

弘崎さんは一向に意に介さない。保科さんにも、傘を打つ強烈な雨音にも気付かないようである。

保科さんは彼の肩を思い切り引っ張った。

すると、弘崎さんはハッとしたようになって、ようやくこちらの顔を見た。

「——あっ、なんかすまん、ちょっと」

「ちょっとなんすか！」

「ちょっと思い出したことがあって」

今じゃないとダメっすかそれ、と弘崎さんを引っ張り、どうにか車まで連れ帰る。

車内で、暫く頭を抱えて蹲《うずくま》っていた弘崎さんだったが、ようやくタオルで頭を拭いて「迷惑をかけた」と詫びた。


家まで送った。

すぐ翌日から何事もなかったかのように弘崎さんは働いた。

昨晩何があったのかも聞きにくく、なんとなく気まずさのあった保科さんは配置換えを願い出たところ、すぐに受理された。

弘崎さんを発見した彼は、一部ではちょっとしたヒーローになっており、そのお蔭でもある。

ところで、保科さんは自分の車でふやけた帳面を見つけた。

あの豪雨の晩、弘崎さんが橋で必死に何かを書き込んでいたあの帳面である。

インクもかなり滲んでいたが、そこにはびっしりと老人と思しき古臭い名前が羅列されていた。

一ページあたり二十人ほど、それが見開き二ページで四十人にも及んだ。

ほとんど判別できない文字が多かったが、「トキ」や「スエ」はわかった。

保科さんは、弘崎さんに返そうとしたのだが――彼は「心当たりないなぁ」と受け取りを拒否した。

自分の車で見つけたものだ。交番に届けるのも妙である。

そこで住民課にいた元同級生に預けてみた。

するとそれがこの町の、かつて居た住民の名前であることがわかった。

彼は更に「全員住民なの？」と尋ねたが、調べてくれた同級生はうんざりした顔で突っぱねた。

「んなもんわかるわけねえだろ。パソコンでちょろっと検索ってわけにいかねえんだぞ」

判明した住民は、皆鬼籍に入っていた。

「寄付した人とか、そういうのかと思ったんですがね」

判明した住民は、皆同じ時期に除籍――死亡していた。

保坂さんは、それ以上調べるのをやめた。

バイパス

保科さんが検査に同行した橋は、老朽化のためすぐに通行止めとなった。

「すぐ取り壊されましたね。半年もかからず」

問題の橋のある道路だが、実は数年前からバイパスが計画されていた。

「あの橋の下流側をバイパスが通っていて。新しい橋もそこにね」

バイパスは殆ど完成しており、橋ももう間もなく架かるという状況であった。

それでも、旧道が閉鎖になったため町民は大回りしなければならない。

「工事担当の先輩はボヤいてましたよ。工事するにも面倒だって」

土木課の先輩は中島さんと言った。

中島さんの話では、バイパス工事は終盤に入って難航していた。

「丁度、旧道を閉鎖してかららしいです。小さいトラブルが重なって、スケジュールが遅れまくりで」

夜間工事が始まると、更にトラブルが増えた。

開通前なのに、夜、人が通るのだという。

工事車両のヘッドライトを誰かが横切る。

ギョッとして車両を止めると、次から次へと人影がそこを横切って歩いてゆくのだ。

周囲の作業員も、手を止めてこれを見ていた。

光源は少ない。

だからこそ誰かが前を横切れば目立つ。

一体何人通っただろうか。

「十五人かな」

「二十人はいたべ」

そんなことを話していたのだという。

夜間の作業員よりも多かった。

「そんな話を聞いて、『うわぁ、大変だな』って思ってたんですけど……」

同時に、保科さんは「流石現場のおっちゃん達は凄いな」と思った。

盛り土で地盤を改良し基礎を作り、整地してアスファルトを敷く。

バイパスは川を挟んで述べ一・五キロにも及ぶ。元々田圃しかないところなので、昼間でも寂しいほどにだだっ広い。

夜中にそんなことが頻繁にあっても、一応ちゃんと工事は進んでいるのである。

——ところが。


暫くしたある晩、夜間作業員達は全員逃げてしまったのである。

朝になって作業員が現場に行くと、現場が放棄されていた。

乗り出されたままの中型のローラーは路肩から落ちて横転してしまっていた。

投げ出されたプレートコンパクター。

人影はない。

ヘルメットすら道路脇に転がっている始末である。

夜間の作業員七名が現場から消えていた。

「ま、何人かはその後電話が来て。他もパチンコ屋と、パブで。全員見つかったみたいですけどね。その晩何があったのかはわからず終い」

彼らが何から逃げたのか。それだけは話そうとしなかったのだという。

その一件以来、人手不足と夜間作業を拒む者が増えて益々工事は遅れた。

小さなところでは、道路沿いにあるコンビニ用地だ。

こちらも基礎工事が入っていたが、コンクリートを打った傍から足跡ができる。

現場では親方が怒鳴り散らしていたが、それでも足跡が次から次へとできる。

中島さんら町の職員はすっかり慣れてしまって笑って見ていたが、バイパスや橋の工事を請け負った業者は真っ青になっていたそうだ。

「傍から見てて、中島さん達もだいぶおかしかったですよ。急に道端で酒盛りを始めたと思うと泣き出したり。みんなで神社に行ったり」

保科さんは大変だなぁと思って見ていたのだそうだが、段々近寄りがたい感じになってきていた。

直接、「お前手伝えよ」と詰め寄られたこともある。

「バイトですから」と断ると——。

「『バイトが何だ！　お前、このバイパスの意義わかってんのか！』って——」

ようやく完成が見えてきた。

橋桁が架かって橋らしくなり、仮舗装は両側とも本舗装になり、センターラインが入った。

縁石の向こうは歩道。更には白い安全柵までできた。

「ああ、これで安全に歩けるなぁ」

そう、中島さんらにも笑顔が戻ってきたのだそうだ。

役場では、新しい橋の名前を決めなければいけなかった。

届け出上は仮称であるが、新しい橋の名前を国交省に届け出なければならない。

それも、公募ということになっていた。

両岸の地名や河川名から決めることも多いが、近頃は地元の小中学校などから募ることが多いのだそうだ。
役場では、応募のあった中からよさそうなものをいくつか選び、多数決をとるつもりだった。
きぼう橋――ありきたり。
ふれあい大橋――ありきたり。県内に何本あるか知れない。
新○○橋――地名入りで良いが、地味。「これ本当に小学生が考えたの？」の声あり。
○○しんだはし――。
審議が止まった。

「しんだ？　新橋、でなく？」

「しんだ、とあります」

「間違いだろ。小学校から？」

いえ一般からです、と嘱託の女性が答えた。

「縁起でもないな。色々あったが死人は出てないぞ」

課長が言うと、乾いた笑いが起きた。

橋の名前は慣例上、「ばし」と濁らず「はし」となる。そこを押さえているのに、敢えて縁起の悪い語を選んでいるところに悪意が見える。

他の応募も見てみようと、全員で応募を攫《さら》ったところ、「○○しんだはし」が他にも何通か見つかった。

どれも無記名。異なる筆跡である。

「悪戯にしても気持ちが悪ぃな」

課長が投げやりに言った。全員がそう思ったことだろう。

結局、無難なところを選んで多数決を取る段になった。

ところが、いざ多数決を募ると、誰かが小声で、しかしはっきりと呟いた。

〈……しんだはし〉

再び、審議が止まった。

気まずい沈黙を破ったのは課長の苛ついた声だ。

「おい。誰だよ今の。ふざけてるんじゃ……」

〈しんだはし〉

——また聞こえた。

中島さんら、全員が代わる代わる顔を見合わせる。

嘱託の女性は、今にも泣き出しそうな顔であった。

ここにいる誰かではない。

子供の、それも女の子のような声で、

〈しんだはし〉

「やめろ！　止《と》めろ！」

繰り返し、それはここにいる誰でもなく、しかし確かに部屋の中、それもすぐ近くから響く。

〈しんだはし〉

課長が会議室のドアを乱暴に開けて、廊下を見た。

「どこだ！」

どこかと問われれば――。

全員が、テーブルの上を見た。

〈しんだはし〉

声は、テーブルの上、少し見上げたくらいのところから聞こえてくるのだ。

「課長は『もうそれでいいや』となって帰っちゃって。流石にまずいからって後で慌てて○○新大橋にしたそうです」

バイパス作るって大変なんですよねぇ、と保科さんは言った。

ちなみに、コンビニ用地のコンクリートに繰り返し現れた足跡であるが。

子供の、小さな足跡であったという。

脇道

「旅行ですよ。仲間内で、野郎ばっか集まって、車二台に分乗して」

連休の終わり、その帰り道である。

高速は百キロ近い大渋滞だった。

「下道でも時間変わらねえし、暇だから降りるかーってなって」

田所さんらは止まっているよりはマシだとばかりに、二台とも高速を降りたのだそうだ。

夕刻の下道は流れていたが、ナビ通り進めば混んでいる町中を突っ切ることになる。

それも「だるい」と、田所さんら三人の乗る車だけナビを無視しようと決めた。

「大回りになるけど、脇道行こうぜって。もう一台に電話したら『俺らナビ通り行くから。空いてたら教えてくれや』くらいの反応で」

既に夕刻。日が暮れかかっていたという。

しばらく後部座席でウトウトしていた田所さんだったが、はっと気づくと景色がだいぶ変わっていた。

平坦で、田圃《たんぼ》の間に四角い建物が目立つ。

車は多いものの、流れているようである。

田所さんの車には他に二人、それぞれ運転席と助手席にいる。

信号を一つ越え、二つ越えするうちに目に見えて車が減ってきた。

大きな空に宵闇が迫る。

シートの間からカーナビを見ると、どうやら工業地帯を突っ切るコースのようだ。

「こりゃあ空いてるなぁ」と運転手は上機嫌であったが、助手席の男はあまりの空きっぷりに「本当にこの先抜けられるのか？」と不安を口にした。

たしかに前方に車は一台もなく、後方を見れば遠くにヘッドライトが見えるものの、あの車もどこかで曲がってしまうかも知れない。

いよいよ工業地帯に迫る頃、道路左手に所謂「道の駅」を見つけた。

「おっ、寄ってくか」

市街地を避けてきた。しばらくコンビニも見ていないのだ。

道の駅に寄る一行だったが、ふと気になることがあった。

カーナビには道の駅があるなどとは出ていなかった。


「まぁでも、ウダウダ言ってるうちに、スーッと入る方が早いでしょ」

道の駅は運転者向けの休憩所である。サービスエリアの一般道版というべきもので、二十四時間無料で駐車し、食堂などの施設も充実していることが多い。

田所さんらは、寄ってゆくことにした。

何せ無料だ。


道の駅の広々とした駐車場に入ると、車はポツポツと止まっている。

いかにも散発的で、建物やトイレの近くに集中していたりはしない。

深夜に長時間休憩している車では良くあることだが、時刻はようやく陽が落ちたばかりだ。

彼らは車を降りると、やけに暗い蛍光灯の灯る建物に吸い込まれるように入っていった。

建物は一棟のみ。

外周がガラス張りの、開放的な建物であった。

入ってすぐは土産物売り場だが、布が掛けられている。

横に小さな食堂が併設されているが営業しておらず、調理場の奥まで真っ暗である。当然客もいない。

「なんか辛気臭ぇ……っていうかもしかして開店前？」

夕食時ではあるのだが。

外に車が数台あったのに、道の駅内には田所さんら三人しか見当たらない。

彼らは自販機の並ぶコーナーへ行って腰を下ろす。

運転していた男がベンチに寝っ転がって伸び、助手席の男はトイレに行った。

田所さんは一息ついてから飲み物を買いに自販機へ向かった。

見てみると飲み物のラインナップが妙である。

（……はちみつレモン……？）

他にも桃の飲料や、他では見たことがない炭酸飲料が並ぶ。

どうにも古いのだ。

並んでいるジュースが、二十年以上古い。田所さんが知らないものも多いが、パッケージのデザインで察するものがある。

非接触ICカードの類は全て対応しておらず、五百円玉、札も戻ってきてしまう。

釣り切れでもなく、〈販売中〉と赤いランプも点灯しているのだが。

「おい、百円貸してくれ」

振り返ると、そこで伸びていたはずの運転手がいなかった。

トイレだろうか、と思いつつも——がらんとして薄暗い建物が急に怖くなった。

慌てて飛び出すと、駐車場に二人の姿があった。

運転手は電話をしている。

「……名前なんかどうだっていいだろ‼　……あ、田所来たわ」

建物から出てきた田所さんに気付いて、彼が手を振った。

行ってみると何やら「電話を代われ」と言うので、田所さんは携帯を受け取った。

『あ、田所？　よかった。なんだ、アイツ酒飲んでる？』

素面《しらふ》だと伝えると、電話の相手は黙った。

相手は別のルートを行った車で、渋滞に掴まっているという。

『いや、飲んでないならいいけど……なんか微妙に話が通じなくってさ……。で、今どこにいんの？』

道の駅だと伝えた。

『それがさぁ、どうも、ないんだよねぇ。そんなところに道の駅』

「新しいんじゃないか？　なんか、食堂も土産物も営業してないし、自販機もなんか変だし」

田所さんは答えながらも内心「そんなワケない」と自分を否定していた。

まるで真逆である。蛍光灯を始め、ここの設備はかなり古い。

よく見ると、止まっている車も、皆やたらと古い。ボディに艶がなく、フロントグラスは白い。

『……だからさ、名前教えてくれって言ったんだよ、その道の駅の。そしたら佐藤の奴、看板も読めねえっていうし』

「はぁ？」と田所さんは道の駅の看板を見上げた。

たしかにライトアップされた看板に「道の駅〇〇」と地名らしき文字が書いてある。

だが——読めない。

文字、それも漢字だということはわかる。見たことのない文字だ。

「……？」

田所さんは看板を見上げて固まった。

「田所は読めるんだろ⁉　大学行ってるんだもんなぁ！」

背後から心無い罵倒が飛んでくる。

部首がこざと偏《へん》だ。

だが――知っているパーツはそれだけだ。更に○、大のようなパーツが三つ並んで、その下にぐちゃっと崩れた土。次の文字に至っては幾分シンプルだが、アルファベットYを不格好に伸ばして更に犬を加えたような文字。

「……読めない」

『なんだよそれ。どういう字』

「……こざとへん……それからえっと、○、大が三つで、下に……」

『なんだよそれ』

いわゆる難読地名とも違う。難読地名でも大体は「がそんこ」「ふくう」など、正しくないにせよ読みを捻り出すことはできる。だがこれはそれすらできない。

「うるせえなぁ、名前なんかどうでもいいだろ!!」

なぜか、田所さんは怒鳴っていた。

電話の向こうは静かになった。

気まずくなって周囲を見ると、道の駅の建物のところに誰かが立っている。

中に人影はなかったが、今建物の中から出てきたようだ。

辺りはすでに薄暗く、光源を背負っているためかその人影の顔はわからない。

その人物は、こちらへ真っすぐ歩いてくる。三人は身構えた。

電話を切って、無言のまま示し合わせたようにいそいそと田所さんらは歩き出した。

車はすぐそこである。

車に乗り込み、一息つく。

「……びっくりしたぁ。今の誰。中に俺ら以外って居た?」

田所さんが思ったことを口にすると、前の席の二人も口々に言った。

「わかんねえけど、田所だと思った」

「俺も。わかんねえけど」

「やめろよ」

車を出す。

別の車へ電話をかけ直した。

「あっ、なんかごめん。ちょっと変だったんで。テンパってた。今出たとこ。このまま行くと……」

田所さんはシートの間からカーナビを確認する。

すると、前の席の二人が急に声を上げた。

「うわっ」

「なにこれ」

目の前の信号機を指さす。

信号機は、赤、黄色、緑が揃って不規則なパターンで点滅を繰り返していた。

「初めて見た。壊れてんの？」

他に車はない。

停車してしばらくそのまま見ていたが、信号機は直りそうもなかった。

無視して進むと、先の信号機もやはり同じように壊れている。

周辺は真っ暗な工場が並ぶ。いくら休日の工業地帯といっても、信号がこんな風になっているはずはない。

三つ、四つ、同じようにおかしな信号機をやり過ごすと、突然普通に赤の信号機にぶつかった。

だが、運転手はこれを無視して素通りした。

「おい、無視すんなよ！」

助手席から裏返った声が上がったが、運転手は、「おっ、すまん」と小さく返しただけだ。

少し進むと、今度は青の信号で運転手は急ブレーキを踏む。

「なんだよ！」と怒鳴ると、やはり運転手は「すまん」と言った。

「運転、代わろうか？」と田所さんが申し出ると、運転手はこれをやんわり断ったが、助手席の男がキレたため運転交代となった。

「それで運転代わったまではいいんだけど、何て言うか、ほんとに信号が見えなくって」

信号があるのはわかるのだが、それが赤なのか青なのか、何度見てもハッキリわからないのだ。

暫く進んで、工業地帯を抜けると他の車が増えてきた。

流れで進めると思ったのだが、車間が開くとやはり信号が見えずにどっぷりと疲れる。

「結局休み休み三交代で運転して……最後はもう、別の車に頼んで来てもらって」

電話で事情を説明すると、渋々ながらもう一台がやってきて、牽引よろしく先導してくれた。

「ど〜にか……家まで辿り着いたけど、しばらく寝込んだなぁ。何だったんでしょうねえ、あれ」

田所さんは首を傾げた。

来る人、去る人

「おばあちゃん、と呼んでいました。私には優しいおばあちゃんなんです」

故郷に眠るその老婆と、手島さんは血の繋がりはない。親戚なのか、それとも父の継母といった法律上の祖母なのか、それも知らない。

親戚の中には祖母を忌み嫌う者も多く、祖母自身も親戚の大半を蛇蝎《だかつ》の如く見下していた。

それでも、手島さんにとってはおばあちゃんなのであった。

その祖母には、おかしな力があった。

「予知能力……とかなんですかね。家では、ざっくり『勘定』と言ってました」


もう二十年以上前のある晩のこと。

祖母は近隣の家々を訪ねて「四人来て六人去《い》ぬぞ」と触れ回った。

祖母は、手島さんの生家からは少し離れて一人暮らししていた。普段付き合いのない大半の者からすればそれは突然のことであった。

当時手島さんは幼かった。

それでも親戚らが騒がしく、近隣と毎日のように話し合っていたことは思い出す。

概略は後から聞かされたところである。

〈四人来て六人去る〉

それが祖母の予言の全てだった。

郡の隅、町の中心からも離れたこの集落に四人が来る。そして六人が居なくなる。

わかるのはそれだけだ。

これを受けて親戚らは真っ青になり、自警団よろしく見回りまで始めたのだという。

「火の用心、って言いながら練り歩くでしょう？　あれに混じったらしいです」

地味ではあるが並々ならぬ行動力である。

彼らが一体何から何を護ろうとしていたのか、それは親戚らにもわからなかったのだ。

「おばあちゃんも、来る人と去る人の数しかわからないのか、それ以上のことは頑として言わなかったんです」


僅か数日後、集落の若者二人が拉致された。

白昼堂々のことで目撃者もいた。急ブレーキ音が聞こえた時、もう二人は地面に倒れていたのだそうだ。次いでバンから三人が降りてきて、ぐったりしている二人を連れ去った。バンを運転していた者と合わせて犯人は少なくとも四人だった。

攫われた二人は他の者をある過激派グループに勧誘していた者だった。


更に数年して、今度は祖母が「一人来て、三人去ぬぞ」と触れ回った。

この時も親戚内外を問わず、様々な人間が協力して見張りに当たったのだが——。

横の連携がうまくいかない。

「『一人来て』って言われてもなぁ」と首を傾げる者も多かった。

田舎である。人の出入りの多い土地ではない。

とはいえ営業、町の業者、公務員……一人で来る者など沢山いる。そういう人間は、目立たないのだ。

「検問でも布《し》けっていうのかい」

そう愚痴る者は多かった。

祖母にしたところで、元々強い求心力があるわけではないのだ。

そんな折、ある家で無理心中事件が起きた。

離婚して出て行った元妻と、二人の子供であった。

彼女がひっそりと数年ぶりに戻っていることに、誰も気づいていなかった。

こうして一人来て、三人が去ったのだった。


更に数年後、祖母は「三人来て、二人去ぬぞ」と触れ回った。

警戒は程々であった。

前の悲劇から時間が経って尚、無力感が強く残っていた。

また、この〈勘定〉では人数の帳尻が合わない。

来る人の数が、去る人の数を上回ること、減っていないことはそれまでで初めてだったのだ。

親戚らは協議を重ねた。

〈勘定〉は凶兆と考えられてきたが、吉兆ということもあり得るのではないか——と、そういう意見があった。

丁度その頃、一件の家が集落のはずれに竣工した。

新築と言うだけで目立つが、それにしてもやけに瀟洒《しょうしゃ》な家であった。

なのに誰も引っ越してくる様子がない。

暫く放置された後、稀に中年男が一人庭先で見られるようになった。

この頃、手島さんも成長して中学に通っていた。

「その男ね、東京から来た役者だって言って、やたら話しかけてくるんです。馴れ馴れしく……」

独身であった。

聞けば引っ越してきたわけではなく、別荘として建築したのだそうだ。

役者だというが、テレビで見たことのない顔であった。

しかし都会人らしい垢抜けた雰囲気があった。

それから三か月ほどした頃、手島さんの従妹が悪阻《つわり》を訴えた。

従妹は当時高校生だったという。

彼女は妊娠していたが、父親が誰なのかは頑として言わなかった。

中絶にリスクがあったのか、彼女と家族は出産を望んだようである。

同じ頃、離れに住んでいた手島さんの祖母が亡くなった。

『三人来て、二人去ぬぞ』――それが最後の〈勘定〉となったわけだ。

奇妙なことに、死因について手島さんは一切聞かされなかった。

数日間、警察官がしばしば家を訪れて聴き取りや捜査らしきことを行っていた。

学校に通っていた彼女は一部始終見ていたわけではないが――普通でないことはわかった。

『亡くなる直前にお客が居たらしい……でも争った形跡まではなくてよ……』

そう漏れ聞こえてくる。

祖母が淹れた出涸らしお茶、煎餅、座布団――目に浮かぶようであった。

実の祖母でないとしても、親類からは腫れ物に触るように扱われていても、手島さんにとっては優しいおばあちゃんだった。

「従妹のお産の前後くらいから、別荘の男は消えましたね。元々ずっと居たわけじゃないにしても……それから一度も――見たっていう話は聞きませんでしたね」

別荘の男と、祖母。去った人数は二人である。

来た人数は、その男と生まれてきた子供の二人。

だが祖母の〈勘定〉では、三人来ることになっていた。

「もう一人、来たはずなんですよ。しかもその人は、去ってない」

今も故郷のどこかにいるのだろうか。

「その別荘はずっと放置されてるみたいですね」

されてるみたい、というのは理由がある。

彼女はもう長い間、その頃暮らした故郷を自分の目で見ていないのである。

事件から暫く後、手島さんの実家は市街へ引っ越した。数年のうちに親戚もそのほとんどが引っ越してしまった。

今もどういうわけか故郷に立ち入ることは許されていない。

手島さんは、大好きな祖母の墓参りにさえ、行けないのだという。

田舎の峠　三題

綾子さんは町に出る際、林の中の峠を越えてゆく。

乗っているのは小型の自動車だという。

「あんまり交通量も多くない、本当にどこにでもあるような道で」

木立の影は少々深いが、特にこれといった特徴はない。

田舎の町と町を繋ぐ道路は、どこも大体、似たり寄ったりである。

「……で、ある日に私、帰りが遅くなって真夜中近くになってしまったんですね」

通い慣れているとはいえ、碌《ろく》に街灯もない道なので運転は慎重になる。

勿論早く帰りたい気持ちはあるが、それでもゆっくり、自分のペースで走る――。

と。丁度、峠のてっぺんに差し掛かった時。

ふいに後方から強い光が射し、彼女の視界を眩《くら》ませた。

後続車だ。

ライトの位置が高く、眩しい。

「追い抜いてくれるかな、と思ったんですけど――その車、何のつもりかベッタリ後ろに張り付いてきて……」

ほとんど車間距離も空けず、彼女の車と同じスピードで走り続けた。

こちらが僅かにアクセルを踏むと、後ろも同じだけ加速する。

煽っているつもりだろうか。

ルームミラーと左右のサイドミラーが全部一斉にギラギラ輝いて、目が痛くなる。

――時間も時間だし、こんなところで、嫌だな、と綾子さんは不安に感じた。

こんなに眩しくては、運転に支障が出かねない。危ない。

そもそもこの道は、あまり余所の人間が通る場所ではない。

警戒心が強まる中、ただ一心に峠を抜けることだけ考えていると、やがて。

下り坂の先に丁字路と、赤い信号が見えてきた。

峠道は前の道路に突き当たって終わり、その先は堤防である。

彼女は後方を確認しながら、そろそろとブレーキを踏んだ。

後続車の速度は弛《ゆる》まなかった。

突進してくる。

ぶつかる。

「うそでしょ……、って全身が固まって。咄嗟に首を竦めて」

次の瞬間。

後ろから来るライトが右と左に分かれ、そのまま物凄い光を放ちながら彼女の車の両脇を通り過ぎ、丁字路を突っ切り、雑草の生えた堤防を滑り上がって、その向こうの河原に飛び去って行った。

——車体はなかった。

光だけだった。

「……私、しばらくそのまま動けませんでした。信号が青になっても」

その峠に、特にこれといった曰く因縁の類はない。

ただしばしば、夕暮れ時などには、狸の夫婦を見かけることならあるという。

なので以後は、出来るだけ夜の峠は通らないようにしているとのこと。

「もしかしたら、日が暮れてからはあんまり通らないでくれって意味かも知れませんし」

やれやれ、といった様子で綾子さんは首を振る。

なるほど。如何《いか》にも田舎で暮らす人の感想、であろう。

※

澄田氏は集落近くの峠で、みかんの木を育てている。

「あれァ趣味だよ。親戚やら何やらに配ってお仕舞い。精々が道の駅。きちんと出荷しようと思ったら、それァもう、とてもとても。手間がかかってしょうがない」

日に焼けた顔を皺くちゃにし、困った顔で笑う。

が、趣味とは言っても収穫する以上はそれなりに気を遣う。

日照の計算や消毒といった作業は勿論だが、やはり何といっても、一番の敵はイノシシだという。

「……アイツら、食うだけじゃなくて掘り返すんだよ。地面の下の根を。今まで何本駄目にされたもんだか、まったく数えきれんな」

近所の人達と共同で、パァンッ、と空砲の音を出したり、ワイヤーメッシュの柵を張り巡らせたりしてどうにかしのいでいるが、餌が少ない年や子育ての時期には、それらも万全の効果は上げられない。

最も確実な手段は、駆除、ということになる。

「俺ァ鉄砲も持ってないからね――まぁ、谷の衆と相談して、罠を使う訳だ」

――罠、と簡単に言っても誰でもが仕掛けられるものではない。

設置には、わな猟の狩猟免許が必要である。

また、狩猟免許を必要としない「囲い罠」と呼ばれるものもあるが、それを使用するのにも「自らが事業として行っている」農作物の保護、等の条件がある。

澄田氏の場合は自家消費が主なので、これにあたらず、恰好としては「専業で被害に遭っている住民が、峠に罠を設置するのを手伝った」、という話になるだろう。

「で……、あれァ何年前だっけな。もう十年にもなるか。夕暮れ時だ。軽トラで畑から帰ってたら、峠の上で誰かが手を振ってるのよ。……澄田さーん、澄田さぁーん、って」

山の日の入りは早く、既に太陽は鬱蒼とした杉林の陰に隠れている。

澄田氏が車を近づけてみると、それは稲村という家の倅《せがれ》だった。まだ若い——といっても当時既に四十代の彼は、薄暗がりにも明らかなほど真っ青になっている。

「なんだお前、人でも撥ねたのかって訊いたら、違うって。仕掛けた檻に妙なもんが入ってるから、澄田さん一緒に見に来てくれ、って言うんだ」

妙なもの。

何だ。

罠はトリガー式で、獲物が入れば勝手に柵が落ちる仕組みになっている。

何かイノシシ以外の、他の動物でもかかったのだろうか。

澄田氏は不審に思いつつ車を停め、稲村氏と共に、峠の茂みの中へと入って行った。


——血の色をした楕円形の球が、檻の中に浮かんでいる。

直径およそ、三十センチ。長さは四十センチばかり。

それは赫々と発光している。

「……人魂なんだよ。真っ赤な人魂。絵に描いたみたいに尾っぽはなかったけど、じわ、じわ、って光りながら宙に浮いて、罠箱に入ってたんだ」

ふたりは五メートルほどまで近寄ったところで、足を止めた。

それ以上傍に寄れなかった。

澄田氏は言葉が出ない。

稲村氏も、カタカタと歯を鳴らすばかりで喋らない。

ざざざざざ——と風が吹き、頭上の杉の枝を揺らす。

「……でね、稲村の倅はもう、どうしたらいいかわからなくなってたから。俺が、こんな縁起の悪いもんを捕まえとく訳にはいかんだろう、って言って」

うん、と腹に力を込めて近寄り、罠の蓋柵をめくった。

顔と手が赤く照らされるほどの距離だったが、温度は感じなかった。

そして、ふたりは黙って峠を下りたという。

「しばらくは、谷の衆にも言えなかったな。あいつとふたりして、頭がおかしくなったと思われてもつまらないし。天蓋を取っ払ってやった訳だから、次の日の朝にはもう、居なくなってたみたいだよ——」

いやはや、兄ちゃん。人魂ってのは熱くないんだ。知ってたかい。

澄田氏はそう言って、難しい顔で頷いた。

※

千絵さんは中学生の頃、家の裏から続く峠を越えて通学していた。

白いヘルメットをきちんとかぶり、毎日自転車を漕いだ。

「途中に小さな墓地があって、そこにはうちの先祖も眠ってるんですけど——正直ちょっと、通りにくいなとも思ってたんです」

それと言うのも墓地には近隣の家々の墓だけでなく、無縁塔があったからだ。

無縁仏がピラミッドや、階段のような形に寄せられた一角のことである。

彼女の通学路にあったのは階段状をしたもので、古い墓石がずらずらと、まるで粗末な雛人形のように並べられていた。

「大きさも形も、材質もまちまちで。ほとんどは隅が欠けてしまってたり、風化してたりしてましたから、まともなのは少なかったです」

中にはただの丸石としか思えないものもある。

何かの風習によるものか。それとも墓石を買ってくれる親族がいなかったのか。

誰にも手を合わせてもらえず、静かに森の片隅で朽ちてゆくそれらの石の「視線」が、千絵さんには怖かった。

自分自身の先祖代々の墓がそこにあることさえ隠しておきたい気持ちだった。

今思えばそれは「うしろめたさ」だったのではないかと、彼女は言う。

「だって……、新しいお墓はどれも立派で、大きくて。ぴかぴかで。しょっちゅうお年寄りの誰かが御参りに来てましたし。奥の無縁仏とは、全然待遇が違うから」

いわば死後にまで格差があるように感じて、いたたまれない思いがしたのだろう。


さて。そんなある日の朝のこと。

午前七時過ぎ。

いつものように峠を登り、件の墓地の前に差し掛かったところで、彼女は一種異様な集団を目にした。

——無縁塔の階段に、何十人もの人々が腰を下ろしている。

大人や子供、お年寄り。女性、男性——。

その内、半数ほどは着物姿。

八割以上は無表情。

中には数名、泣いていたり、歯を剥いて怒っているような者も混じっていた。

千絵さんは横目でそちらを窺いながらも、自転車を漕ぎ続けた。

止まってはいけないと思った。

通り過ぎる寸前、最後にちらりとその一団に目をやると、自分の妹くらいの歳の女の子が彼女の方を向き、微笑んでいた。

今どき映画でも見ないような襤褸《ぼろ》を着ているのに、嬉しそうだった。

千絵さんは思わず会釈をして、その場を去った。


「それは丁度、無縁仏の供養がある日だったそうなんです。お墓を管理してるお寺から年に一回、ご住職が来て、お経をあげる習慣らしくて……」

そういうことか、と彼女は納得した。

目撃したのが朝で、前々から引っかかりを感じていた場所ということもあり、思い返してもあまり恐ろしいとは感じなかった。

放棄されたも同然の無縁塔が全国に増える中、その住職の姿は大変尊いものだ。

ならばもしかすると、その少女の笑顔は「私は大丈夫だよ」という思いを、彼女に伝えようとしたものだろうか。「私はこうして毎年、御参りに来てもらってるよ」、と。

しかし、千絵さんは複雑な表情で視線を逸らした。

「……そうかも知れませんけど——どうなんでしょう。わかりません……。だって、亡くなって何十年も経ってる筈なのに、未だにあの場所で座ってるってことは、結局——」


翌日。

襤褸を着た少女が座っていた場所には、あの、河原で拾ってきたような丸石がころんと置かれているばかりだった。

蛇追い

佐野君が、四国のとある山村を訪れた際の話である。

「大叔父の七回忌があったので……。住んでるところもだいぶ離れてますし、普段は全然付き合いがないいんですが」

本来参列するのは故人の甥にあたる、彼の父親の筈だった。が、折悪しくその時は、肺を患って入院している最中。

佐野君は代理で行ってくれと頼まれた。

「ああいう小さな村の法事って、よくわからない風習とかを間に挟むから、長いんですよね——行き帰りも車で三時間くらいかかりますし、正直億劫だなとは思いながら」

かと言って母親に、その面倒な役目を押し付けるというのも大人げない。

折角の日曜を朝から潰して、彼は渋々、法要に出席した。

誰が誰だかもあやふやな親戚連中の中で、じっと時間が過ぎるのを待つ。

着なれない喪服は動きづらく、すぐに肩が凝った。

「一応本家にあたる家だから、多分、三十人くらいは来てたのかな。車も二十台くらい、空き地や路肩にずらっと並んでて。街中なら葬祭場を借りる規模でした」

世間話に当たり障りのない相槌を打ちながら、佐野君は何度も時計を見る。

やがて近くの寺の住職が来て、法要と焼香が始まった。

広い仏間に濛々《もうもう》と煙が立ち込め、むせかえるような白檀と沈香の匂いが身体に染みつく。

長い長い読経と法話を経てから――ようやく皆で、墓参に向かう。

※

「――蛇がいるよ」

「……うん?」

「あそこに、蛇が。おっきいのがいるよ」

墓前に手を合わせる列の最後尾に並んでいると、声をかけられた。
五、六歳くらいの男の子である。
「蛇？」

「うん。あっち」

小さな指がさす方を見れば、墓と墓の間に、雑草が生い茂る狭い一区画がある。

たったたったたったた、と男の子はそちらに向かって走って行った。

「……ここだよ」

草むらの中を指さし、こちらを見詰める。

眉の上で真っ直ぐに切り揃えられた、ぼっちゃん刈り。黒い半ズボン。

佐野君は困惑する。

こんな子、さっきまで居ただろうか——。

「……そうかい。危ないし、こっちに来な」

「この中にいるんだよ」

「うん、わかったから」

男の子は視線を落とすと、がさがさがさ、と雑草の中に入って行く。

あっ、と思わず声が出た。

「いけない」

慌ててそちらに走り、手を引こうとすると——その子はこちらを振り返って。

「あそこに、鎌があるよ」

空き区画の隣の墓。

その脇に、何本かの卒塔婆と共に、真新しい鎌が立てられている。

黒々とした刃はまだ油を引いたばかりのように光っている。

「——それを使うんだよ」

「……えっ？」


ガサッ、ガサッ、と男の子は足を踏み鳴らし始めた。

茂みの中の蛇を追い立てようとしている。

だめだ。

「おい、やめな！　もし蝮だったら……」

「早く早く。早く早く——あっ！　そっちに！」

男の子がこちらの足元を見て叫んだので、佐野君は一瞬、パニックに陥った。

咄嗟に数歩横に飛び、言われるがまま、鎌の柄を掴む。

激しく緊張する。

俺が殺すのか。

うそだろ。

いやだ。いやだ、いやだ——。


「……何をしとるんかね、アンタ！　そんなもん持っちゃいかん！」

大叔父の墓の横にいた住職が読経を止め、佐野君に怒鳴った。

親戚らが一斉に振り返り、ギョッとした顔になる。

彼は全身が硬直して、動けなくなった。

「戻しなさい！　早く！」

いや、これは。蛇が。

蛇がいたから。

佐野君は言い訳しようとしたのだが、うまく声が出ない。

カッ……、カッ、と喉が鳴るばかり。

いつの間にか額にはびっしりと汗が浮き、流れている。

「はっ……、う、あ……、あ、あ」

その様子を見て、住職は足早に彼に近づき鎌を奪った。

途端に身体から力が抜け、佐野君は足をもつれさせながら草むらを見た。

男の子の姿はもう、どこにもなかった。

※

「本家に帰ってからも、精進落としが喉を通らなくて……。しばらく横になって休ませてもらいました」

遠方から来ていた親戚は怪訝な表情を隠しもしなかったが、その村に住んでいる年寄り達は、「アンタえらい災難だったなぁ」と気の毒そうに労わってくれた。

今夜は泊って行ったらどうかとも言われたが、明日は仕事なのでと丁寧に辞退し、彼は日が暮れてから帰途についた。

「あの鎌は、どうやら土葬をしてた頃からの風習らしいです。詳しいことは訊いてませんけど、そう聞いただけで何だか、触っちゃいけなかったんだろうなとは思います」

蛇を見つけたという男の子が何者であったのかも、不明。

少なくとも彼以外に、その姿を見た者はなかったという。

旅墟

都内のアパレル関連会社に勤める真実さんから聴いた話。

十年程前、彼女は夏季休暇を使って、当時交際していた彼氏と東北を旅行した。二日目の宿泊先は彼氏が選んだ山間にある老舗の温泉旅館だった。

「建物自体は古いんですけど、隅々まで掃除が行き届いていて、とても良い旅館でした」

部屋に運ばれてきた夕食に二人で舌鼓を打ち、温泉に入り直した後、真実さんは彼氏と湯上りのビールを飲んでいた。

「広縁——って言うんでしたっけ。窓際の、椅子とテーブルが置いてある場所」

真実さんが宿泊していたのは二階の一室。広縁に置かれた籐製の高座椅子に凭れ、ぼんやりと窓の外を眺めていた。

眼下には旅館に沿って真横に一本の道が通っており、道の向こうには細い川を挟んで、陽が落ちて墨を塗りたくったような黒々とした山々が連なっている。道には疎《まば》らに街灯が設置されており、粗いアスファルトを照らしている。

その一本道に長い行列ができていた。

列に並ぶ面々は、腰の曲がった老人から年端のいかない幼子まで、老若男女を問わず。

「時間も時間だし、こんな田舎なのにって。なんだか怖くなっちゃって、彼氏に言ったら」

きっと地元のお祭りか何かだよ。そうでなければ、宗教的な何か——。

彼氏は酒が回っているのか、無頓着な笑顔を彼女に返す。

時計を見れば、二十三時を過ぎている。

仮に祭りの類だとしても、華やかさと懸け離れている。列に並ぶ面々に会話を交わしている様子が無い。皆が皆、表情が無く、項垂れているようにも見える。

「彼氏が言うように、何かの宗教の儀式みたいなものかなぁって」

列の先を目で追うと、一軒の建物に繋がっている。平屋建ての民家に見えるが、如何《いかん》せん、山々の暗闇に溶け込み、細部まで見ることができない。建物にも灯りの類は一切無く、とにかく暗い。

列に並ぶ人々は、少しずつであるが、徐々に前に進み――、その建物の玄関らしき場所から一人ずつ中に入っている。

その様子を、真実さんは暫くの間、彼氏と眺めていた。

「で、途中で気付いたんです」

建物はこぢんまりとしており、左程大きなものではない。

であるにも関わらず、行列に並ぶ人々がぞろぞろと入って行く一方で、建物から出て来る者がいない。

なんか、誰も出て来ないね――と、言い掛けて、急に怖くなり、真実さんは口を噤《つぐ》んだ。

彼氏も同じことを思っていたようで、そろそろ寝ようかということになり、会話もそこそこに床に就いた。

翌朝、真実さんは朝食を配膳してくれた仲居さんに「昨日の夜って、近くでお祭りとかあったんですか」と訊ねてみた。が、曖昧な笑顔で首を傾げるばかりで明確な答えは無い。

その遣り取りを見ていた彼氏が「ちょっと行ってみようか」と言い出した。

「怖いから最初は反対したんですけど」

好奇心が勝り、宿代の支払いを済ませた後に、結局、彼氏に付いて行ったのだという。

近付いてみると建物の外観は、昨夜、窓から見たとおりの平屋建ての民家。意外だったのは、それ自体はかなり新しいものであるということ。

しかしながら、人が暮らしているような気配が無い。生活感が、まるで無い。

家の横に回り込み、窓から中の様子を覗いていた彼氏が、真実さんを呼ぶ。彼女も背を伸ばして彼氏と一緒に中を覗いた。

部屋いっぱいに、大小様々な仏壇が乱雑に積まれていた。

「まるで、仏壇専用のごみ捨て場みたいでした」

天井近くまで積まれた仏壇の、少しだけ空いたスペースの床には、誰が置いたのか、丼に盛られた白米が湯気を立てていた。

旅行の後、真実さんは件の行列に自分が並んでいる夢を時々見ることがあるという。列に並んでいる自分は、あの時見た光景のように、無表情で、唯、項垂れて列が進むのを待っている。

なぜか、早く建物に入りたいと思っている。

一緒に旅行に行った彼氏は現在、彼女の夫となっているが、彼も同様の夢を見ているという。

最近、三歳になった娘さんが起き掛けに眠そうな目を擦りながら「ママ、ぎょーれつ、ぎょーれつ」と言うことがある。

元話

なにぶん古い話なので、と藤岡君は頭を掻いた。

「……小学五年生の頃ですから、もう二十年も前になります。正直ちょっと、記憶が怪しいところもあるんですが……」

覚えている範囲で構わないと促すと——彼は一瞬、頬を強張らせて黙った。

その首筋に、ざわざわと鳥肌が広がってゆく。

何かを思い返している。

「わ、わかりました……。僕の地元では結構広まった話なので、もしかしたら、どこかで聞いたことがあるかも知れませんけど」

彼の通っていた小学校では、五年生の年に所謂「林間学校」のような行事があった。

学年全体がバスに乗って山の中の施設に赴き、野外学習と宿泊訓練を行うものである。日中はアスレチック設備を使った運動をして、キャンプ場でカレーを作り、夜には全員で大きな焚火を囲む。

「多分、楽しかったんでしょうね。みんな興奮して、山の中で猿みたいに走り回ってたのを覚えてます」

そして就寝時は、簡易宿泊施設で数名ずつにわかれて眠る。

二段ベッドがいくつか並んだ小さな部屋が、それぞれの班にあてがわれた。

「確かひとつの班は、十人くらいだったと思います。……でも、僕達の部屋っていうのがちょっと他と違って、四角じゃなくてL字型をしてて。妙に狭いし、窓も小さいし、おまけにベッドの数まで足りなかったんですね」

厭に分厚い派手な柄の布団がふた組、部屋の入口である引き戸の前に並べられている。

皆、どうせなら二段ベッドで眠りたかったようでジャンケンになった。

その結果――中西君という小柄で剽軽《ひょうきん》な少年と、藤岡君のふたりが、布団に決まった。

「――荷物検査、やっぱりやらなかっただろ。オレは上級生に聞いて知ってたんだ」

中西君は自慢気に言い、自分のナップサックから袋菓子を取り出す。

藤岡君は「ふーん」と気のない返事をしつつも、内心では指を咥えて、それを眺めた。

子供というのは概《おおむ》ね、大人の言いつけを守った方が割を食う。

〈宿泊訓練のしおり〉に書かれていないものは持ち込んではいけない、と事前に指導されていたのだが、生徒の半数くらいはこっそりとお菓子だの漫画だの、甚《はなは》だしくはゲーム機だのを荷物の下に忍ばせて来ていた。

ほどなく、部屋のあちらこちらで小さな宴会が始まった。

やっぱりボクも、チョコレートの一枚くらいは持ってくれば良かったかな——と悔やんでいる目の前に、差し出される袋菓子。

「フジッチも食べろよ。オレ、まだ持ってるから」

「お、おう。ありがと」

嬉しかった。

消灯時間の見回りも終わり、多分、先生はしばらく来ない。

ここからは子供達の時間である。

テレビアニメの話や、スポーツの話。

先生の悪口に、隣のクラスの嫌いな奴。上級生の偉そうな奴。

あるいは誰と誰が付き合っているらしい、などというマセた噂まで——。

普段より高揚した気分で、彼らは夜が更けるのも忘れて盛り上がった。

時折誰かが大声で笑い、そのたび全員が「シイッ！」と注意するのも忘れない。

やっぱり基本は、ひそひそ話でなければならない。

三十分。一時間。一時間半。

昼間にはしゃぎ過ぎたのか、気がつけば布団に潜り込んで目を擦る者もいる。

壁にかかった時計を見ると、既に午後十時半。

「……おい。オレが聞いた話だと、夜中の十一時になったら先生が回って来るらしい。その時に起きてたらかなりヤバいから、気をつけなきゃな」

「あれっ、僕が聞いたのは十一時半だったけどな」

「いや、たしか十二時前だって言ってたと思うぞ」

「んー……、要は部屋がバラバラだから、回るのに時間がかかるんじゃないか？　ここは建物の隅っこだし、多分、一番最後に——」

――スッ、と引き戸に隙間が開いたのはその瞬間である。
およそ十センチ。廊下を歩く足音といった予兆は、一切なかった。
「えっ……」
全員が言葉を失い、そちらを凝視する。
オレンジ色の廊下の灯り。
先生はいない。誰もいない。
いや――いる。
大人の頭の位置から視線を下げると、自分達より更に背の低い、見知らぬ影が。

〈……誰がついて来てくれるんかな？〉

大人でも子供でもない、異様な声。
しかし隙間から覗く逆光加減のその顔は、どうみても老人に近いそれである。
しかも、小さい。

頭の大きさがソフトボールくらいしかない。
まるで大人を小学校低学年くらいの身長に、そのままスケールダウンしたような体格。
誰も、ひと言も喋らなかった。

〈……誰がついて来てくれるんかな？　おまえか？〉

藤岡君は、その男が半笑いで自分を見つめていることに気づき、思わず首を振った。
何度も振った。

〈……じゃあ、おまえか？　おまえか？〉

男は子供達に問いかけてゆく。皆、それに対して必死で次々と首を振る。
不安のあまり、既にしくしく泣き出している者もいる。
訳がわからない。恐ろしい。

〈……じゃあ、おまえか？〉

――中西君は首を振らなかった。

恐怖で固まり振れなかった、という方が正確だろう。食いしばった歯の隙間からしゅうしゅうと細い息を吐くことしかできない。

数秒の沈黙のあと、突然引き戸がガラッと開いて男が飛び込んで来た。

そしてそのままの速度で中西君の身体に正面からしがみつき、ザザザザザザザザザッ、と床を這うようにしてL字型の部屋の奥へと押し込んで行った。

人間の動き方ではなかった。

「いぎゃああああああああああああ！」

凄まじい悲鳴が奥から響く――。

それにつられて、全員が叫んだ。

絶叫した。

※

「中西本人を含めたら、十人が見てますから間違いないんです。男は確かに、彼を部屋の奥へ連れて行きました」

その後、生徒達はフロア全体を巻き込んだ一種の恐慌状態に陥ったのだが、教師を含め、彼らの部屋から何者かが出て来るのを見た者はない。

小さな男は、いつの間にか部屋の中で消失していた。

一方の中西君は、一番奥の二段ベッドの下に潜り込んだ状態で発見された。

口から泡を吹いていたという。

「どこも怪我してる様子はなくて、すぐに意識も戻ったんですが。今だったら大騒ぎですよ、絶対。なんなら新聞沙汰になってる筈です」

大人達が出した結論は、およそこういった行事にはつきものである怪談話でもしていて、それがエスカレートしたのだろう、という内容だった。

特に騒ぎ立てるほどのことはない、と。

だがそれは違う、と藤岡君は言う。

「確かに、僕の母校の小学校には、〈小さいおじさんに攫われる〉っていう怪談があります。

そこに通ってる僕の姪っ子も、上級生からその話を聞いたそうですけど――その発端が、この話なんです。これが、元なんです」

現在その小学校に伝わる怪談は、

「小さいおじさんが誘いに来て、きちんと断らなければどこかへ連れて行かれる」

というものらしい。

舞台は家であったり、夕暮れの校舎であったりとまちまちだが、意外にも原型は崩れていない。これは稀有なことだろう。


藤岡君の姪御さんは来年、五年生になる。

その怪談が「実話」だということは、流石に、言えずにいるという。

水を一杯

今年の春先の話である。

丸山君が仕事から帰宅すると、マンションに奥さんの姿がない。

あれ、おかしいな。買い物にでも出かけたのかな——と思いながら風呂に入りかけて、ふと台所に目をやれば、冷蔵庫が半開きになっている。

まな板の横にはまだ手つかずの食材と、無造作に置かれた包丁。

——変だ。

胸騒ぎがする。

彼はそれらを片付けてからリビングに戻り、奥さんのスマホに電話をかけた。

やけにゆっくりと感じる五コールののち、通じる。

『……もる。もるる』

「……もしもし？　ナツミ？」

『もる……。あ、エンちゃん。もうあえっへきらの？』

「うん？　……どうしたんだお前、酔っぱらってるの？」

『はえ……、あに？　もり、る……、もるもる？』

様子がおかしい。

まるで呂律が回っていない。

丸山君は焦燥感に駆られ、今どこだ、どこに居るんだと問い質した。

『ろこって……、ろうしたの。もう、もろる』

「なに？」

ガチャリ、と玄関が開く。

スマホを片手に、買い物袋を提げた奥さんが入ってきた。

彼は慌てて駆け寄り、その肩を掴む。

「おいナツミ、お前変だぞ。全然喋れてない」

「はえ……」

「今すぐ病院に行こう。それ、ホントおかしいから」

「らにが。らに。あらり、ろろも……」

奥さんは抵抗した。

ぐい、と丸山君の腕を振り払い、その拍子にドサッとスーパーの袋を落とす。

中には大量のカップ麺。普段、こんなに買い込むことはない。

尚も嫌がる奥さんをなだめ、説得しながら、彼は救急車を呼ぼうとした。

――脳梗塞を心配したのだ。


「……わあった。わあったから。おみる……お水をいっぱいらけ、ちょうらい」

突然フッと身体の力を抜き、奥さんが不貞腐れたように呟く。

その息は妙に生臭く、丸山君は思わず眉をひそめる。

「あーあ……、せっかく。折角なのに、惜しいなぁ。あーしもこんなきれぇなとこで、暮らしたかったなぁ……」

「何を言ってるんだ……？」

うふふ、と含み笑いを漏らしながらしなだれかかって来る。

その芝居がかった流し目と、舌なめずり――。

一体何のつもりなのか。明らかに異常だ。

自分の妻が赤の他人になってしまったようで、正直寒気を感じる。

「と、とにかくそこに座りな。倒れたらどうするんだ」

彼は台所へ戻り、コップ一杯の水を汲んだ。

それを差し出すと彼女はひったくるようにして奪い、胸元にじゃぶじゃぶ溢しながら、一気に呷って瞼を閉じた――。

急に静かになった。

「……おい、ナツ。ナツミ？　おい……！」

「……えっ？」

そして目を開けた時には、いつもの彼女に戻っていた。

※

念のために受けた検査では、奥さんの脳に病床は見つからなかったものの、要経過観察とされ、今も警戒を続けているそうである。

——この一件に関係があるかどうかは、不明として。

その翌日、マンションの駐車場に隣接した古い平屋で、孤独死した老人の遺体が発見されている。

丸山君が伝え聞くところによるとそれは、身寄りのない、年金暮らしの老女であったという。

例の件

埼玉県東部の、とある市役所に勤務する平谷さんから聴いた話。

彼女は栃木県にある実家を離れ、職場に程近いアパートで独り暮らしをしている。

彼女は仕事中、携帯をマナーモードに切り替え、留守番電話を設定しているのだが、半年程前から頻繁に同じ番号からの着信履歴が残るようになったという。

留守番電話には、着信の度に同じ台詞の録音が残されているのだそうだ。


「例の件ですが、また連絡いたします」

声は若い男性であったり、中年の女性であったり、または老人であったりと、都度、異なる。

着信履歴にあるのはいつも同じ番号。
平谷さんの実家の固定電話の番号だという。
実家の両親に訊ねても、全く心当たりが無いとの答えしか返ってこない。

うんとこら

小倉さんの実家には蔵があった。

「蔵があるくらいなんだから立派なんでしょ？　って言われるから、合コンウケはめっちゃいいんですけど。それほどでもなくって。近所にはもっと立派な家いっぱいあるし。ウチゃほんと蔵だけ」

そう謙遜する小倉さんだが、聞く限りかなり大きい。

敷地内には蔵の他、旧家屋と新家屋がある。旧家屋は古く複雑で、一部は二階建て、平屋部分とは渡り廊下で繋がっている。

「で、まぁ、地震があったじゃないですか。そのすぐ後の話なんですが」

三・一一の大地震で、直撃を免れたものの小倉さんの実家も大きな影響を受けた。

「……その頃実家にいなかったんですけど、かなり揺れたみたいなんですよね。特に瓦屋根とか、アタマが重い建物は相当壊れて……」

小倉さんの実家の蔵は特に大きなダメージを受けた。

直後こそ持ち堪えた蔵も、余震のたびに傾いて遂に戸も開かないほどになってしまった。中も検められず、このまま取り壊すこともできない。

市内の業者はどこも手一杯だし、専門外の業者に戸を開けさせると一気に崩落が進む危険もある。

彼の祖父は「されかまねどげ」——壊れたら壊たまでと言うばかり。

周囲は流石にそういうわけにはいかないと気を揉んでいたが、災害が起きたばかりで片付けることは山ほどあった。

そんな折、祖父母の住む旧家屋で、祖父が妙な物音を聞いた。

毎夜、眠っていると庭の方から「うんとっこらしょ」と押し殺したような掛け声が聞こえるのだという。

小倉さんはそんな話を母づてに電話で聞いていて、なんだかわからないが大変そうだと思った。

手伝いに行かなきゃな——と思いつつ、実際に行けたのは少し経ってからだ。彼の身近にも被害があったため、暫くは手が回らなかったのだ。

いざ休みに帰省すると、祖父母は夜な夜な聞こえる妙な掛け声の話を熱心に繰り返す。

小倉さんも興味を持った。

彼も帰省中は旧家屋で寝ることにした。

日中の片付け仕事で疲れていた彼は、座敷の布団の上でゴロゴロしていた。

古い家の電灯は、信じられないほど暗い。

あっという間に睡魔に負けひと眠りしてしまった。

ハッと気が付くと、何やら障子の向こうが騒がしい。

何だと気配を探ると、外から妙な掛け声がする。

——うんとっこらしょ、うんとっこらしょ、うんとっこらしょ——。

聞いていた通りだ。

思っていたよりも子供のように無邪気な声。

だが決して軽やかではない。重く、必死で——。

思わず縁側に出て、雨戸まで開けて外を見る。

だが目を凝らしても、庭は真っ暗なばかりで何も見えない。

——うんとっこらしょ、うんとっこらしょ、うんとっこらしょ——。

声は庭の奥、傾いた蔵の方から聞こえる。

「なぞだ？　めだ？」

祖父が障子から顔を出して聞いた。「めね」と答えた。

庭に降りて見に行こうとする小倉さんの腕を、祖父は強く掴んだ。

「やめせ」

小倉さんは携帯を取り出して録音を試みたが、後日確認しても掛け声は何も録れていなかった。


帰省から十日ほどして、驚くべき報せが入った。

母によると、傾いた蔵があれから毎日少しずつ戻りはじめたのだ。

ついに一昨日、あれだけ傾いていていた蔵が殆ど元に戻った。

戸が開くようになって内部を確かめると、壁際に寄り掛かるようにして、一人の遺体が発見された。

死後二週間以上経過しており、おそらくは地震の前後に蔵に入って、本震か余震で崩れてきた箱に頭を強打したようであった。

聞けば蔵は施錠もしていなかったのだという。

今のところ身元は不明で、祖父は「ほいど（物乞い）」だと言っていた。

その夜から、庭からした謎の掛け声も聞こえなくなった。


暫くして、母から電話が来た。

近況と世間話だったが、最後に母が妙なことを言い出した。

「そういえば、あんたと爺ちゃん、庭から変な掛け声してるって言ってたでしょ？　すっかり聞かなくなったらしいんだけど」

「ああ、録音できなかったけど聞いたよ」

蔵の騒ぎの前後から、妙な掛け声はしなくなったというのだが。

「それがね、今度は家の周りで聞こえるのよ」

家というのは新家屋のことだ。

夜、両親が住む新家屋が揺れた。余震かと思ってテレビを点けたが、地震のニュースはない。

テレビを消すと、静けさの中に子供のような掛け声が聞こえてきた。

——……っこらしょ……うんとっ——

新家屋は築二十五年。二階建て。

それが数日続いて、何と少し傾き始めたそうなのだ。

「こないだの本震でも、別に何ともなかったんだし……大丈夫だと思うんだけどねぇ……」

母は、とても不安そうにそう言ったのだという。

連れ

ミカさんがアルバイトしていた地方のラブホテルでのこと。

「田舎なんですけどそこそこ繁盛してて。近くに有名な廃墟があったからなんですけど」

ハイシーズンともなればカップルで満室になることもあった。

カウンターとロビーはカーテンで仕切られていて、まじまじと顔を見ることはないのだが、胸から下だけでも雰囲気はわかるようになってくる。

「ああ、都会から来たんだな、とか。地元民だなとか」

中には男性四人、みたいなこともあった。

「廃墟探検に来て泊まるとこケチったんだなって」

だが、一際目立つ客は他にいた。

彼女がこのバイトを始めたばかりの頃のある晩のこと。

一時を回った深夜、来客があった。客はロビーで部屋を選んでから受付のカウンターに来る。ここで鍵を渡し、帰りは鍵を受け取って、会計もする。

大抵の客は楽しそうに部屋を選ぶのだが、この客は無言で、選ぶのもほんの一瞬。

部屋番号のプレートが受付のカウンターに差し出され、彼女がそれを受け取る時、胸のあたりから下が見えた。

男女。不慣れそうな、微妙に開いた距離。小奇麗な恰好だが余所《よそ》行きというほどではない。

だが右手に立った男の背後すぐに、もう一人いる。

左の女よりも近い。

男の斜め後ろにべったりとくっ付いている。

三人だ。

差し出された部屋のプレートは、休憩、ダブルの小さめな部屋。

部屋は二人までだが、別段目くじらを立てる理由はミカさんにはない。黙って受け取って鍵を差し出す。

男がそれを受け取り、エレベータのほうへ歩き出す。

女二人も続く。男にくっついた女は、男の手をしっかりと握っている。

後ろから付いてゆく女。

ミカさんは、カーテンの隙間からその後ろ姿を見送った。

エレベータ前に並んで立つカップルは、微妙な距離感があるものの服装に統一感がある。

二人は顔を見合わせ、小声で何かを話し合ってる。内容まではとても聞こえない。

だが男が手を繋いでいるのは、背後のまったく別の女――身なりも浮いた痩せた女である。

ぼさぼさの髪――ギンガムチェックの半袖シャツから伸びた腕、ハーフパンツから見える脚もガリガリに痩せ細っていた。

二時間ほどして会計にきた三人。

入る時とは異なり、傍らの女は男に寄り添っている。だが男は、背後の痩せた女と手を繋いでいた。

「まぁ、いろんなカップルがいますからね。その時はそう思ったんですけど――」

それから数日経った金曜の夜であった。

ぽつぽつやってくるカップルに混じって、またあの痩せた女らしき人影に気付いた。

今度は歳の差があるカップルだ。男の方は先日と異なり、がっしりとした日焼けの中年であったが、後ろ手にあの女と手を繋いでいる。

これにはミカさんも目を疑った。

再びカーテンの隙間から様子を窺うと、前回からコピー&ペーストしたようにあの女が立っている。


「先輩のおばちゃんに聞いたら、どうやらたまに、連れてきちゃうお客がいるらしいんですよね――」

廃墟帰りの客には、その女が混じるらしいのだ。

俄かに信じられないミカさんだったが――。

「『会計の時でも聞いてみりゃいいのよ。どうせもう来ないんだから』って言われて……でも、流石にちょっと」

だがそれも何度か見るうち、好奇心が勝った。

ある晩、会計時にミカさんは聞いてみることにした。返された鍵は二十二号室——、先ほどあの不気味な女を連れて来たカップルに間違いない。

「〇〇館跡に行かれたんですか？」

男がギョッとしたのが顔を見ずともわかった。

「……なんでわかるんです？」

この辺、他に何もないですからと咄嗟に誤魔化した。

しかしその直後、今度はミカさんがギョッとした。

いつもなら会計時にもついてくるあの女が、今日は居ないのである。

厭な予感がした。

即座に受付のインターフォンが鳴った。番号を見ると二十二号室——さっき会計した客の使っていた部屋である。そこにはもう客はいないはずだ。

ピンポンと呼び出し音は続く。

インターフォンに出られないでいると、音は止んだ。

ハイシーズンの前、客の少ない静かな夜だった。

更に十分ほどして、再びインターフォンが鳴ってミカさんは飛び上がった。今度は事務所からだ。

『ああ、受付の人？　あのね、二十二番の部屋、ご延長？　連絡受けてないんだけど』

清掃係である。

空室状況は清掃係の詰め所からもわかる。受付にも同じモニター卓があり、並んだランプのうちその部屋は「空室」を示す消灯になっている。

会計して退去した旨を伝えると、清掃係は怪訝そうに言った。

『居たよ、お客さん。今さっき掃除に行ったら、部屋の真ん中に一人ぽつーんと立ってて。慌てたよ』

ミカさんは戦慄した。

たしかに二十二番の部屋は、帰りに一人足りなかった。

『――もしもし？　ちょっと聞いてるの？　こっちで追い出すわけにもいかないからさ、とにかく延長するか帰らすかしてくれよ。今事務所空っぽだし、受付の方で』

この時間、受付にもミカさんだけである。

どうしても一人では行きたくない。彼女は電話口でゴネて、掃除係の同行を取り付けた。

嫌々ながら離席の支度をして、二十二号室に向かった。

エレベータで二十二号室に向かうと、もうドアの前に掃除係の二人が待っていた。力仕事を担当するおじさんと、リネン担当のおばさんだ。

さっさと頼むと言われ、ミカさんはドアをノックした。

返事はない。

当然だ。この部屋の客は退去済みである。

恐る恐るドアノブを回すと、無施錠のドアが開いた。

室内を確認すると、そこには誰の姿もなかった。

いやに片付いた室内。大きなベッドに座った形跡と、テーブルに飲料の缶が置いてあるだけだ。シャワーも使われた形跡はない。

「なんだ、やっぱり誰もいませんよ」

そう振り返った彼女は、絶句した。

入り口から入ってきた二人の清掃係、そのおじさんの背後にあの女が居た。

「なんだよ、見間違いかよ」

そう悪態を吐きながら入ってきたおじさんは、後ろ手にあの女と手を繋いでいる。

「おっかしいねえ。たしかに居たと思うんだけど。そのテーブルの向こうに。頭ぼさぼさで、ぼうっと」

「気持ちの悪いことばっか抜かすんじゃねえ！　悪かったな、受付さん！」

右手にバケツ、左手を女と繋ぎながら、全くいつもと同じような調子で、おじさんはそう快活に言い放った。

おじさんは、女の存在を全く意に介していない。

だが、背後の女から一方的に手を握られているのとは違う。

おじさんも手を握り返しているのが見てとれるのだ。

あんなにしっかりと手を握っているのに。

(――どうして平気なんだろう)

ミカさんは一瞬そう考えてから、急に怖くなった。

「翌週からもう書き入れ時で。あの変な女も、すぐ別の男にくっ付いてまた来たし……よくわかりませんね」

その女は防犯カメラには一切映らないのだという。

アルコール依存症

医学的には、覚醒剤や大麻、シンナーなどの有機溶剤への欲求と同じく、薬物依存に分類される病症である。飲酒などのアルコールの摂取によって得られる精神的、肉体的な薬理作用に強く囚われ、自らの意思でそれを制御できなくなり、脅迫的に摂取行為を繰り返す「精神疾患」と定義される。

意外かもしれないが、この疾患で適切な対処をしない場合、死に至ることも少なくない。呑み続けた果てに行き着くのは、身体を壊すか心を壊すかのいずれか、もしくはその両方で、診断予後の生存率は五割とも言われている。

埼玉県在住の五十代の女性から伺った話である。

「学生の頃は友人と集まって呑んだり、母とも二人で呑みに行ったり。お酒を楽しむことができていたみたいなんですが」

彼女の父は長年この病を患っていた。

会社の飲み会に行けば、次の日の昼まで帰って来ない。起き掛けから呑み、仕事に行けなくなることも珍しくなかった。当初、母は父を咎めることはせず「全く仕方のない呑兵衛《のんべえ》だねぇ」と言って、父に代わって謝りの電話を会社へ掛けたり、朝に泥酔して帰り、廊下で眠ってしまった父に毛布を掛けたりしていた。母の気性が元々穏やかで、何事にも寛容だったこともあるだろうし、現在のようにアルコール被害に関する情報が容易に手に入る時代ではなかった背景もあったのだろうと思う。


父の家庭での生活は、月日を追うごとに徐々にアルコール漬けになっていった。

素面《しらふ》でいることのほうが少なく、思い起こせば父に対する記憶の大半は、酩酊し、まだ子どもであった自分からも、友人達に話せたものではなかったという。

彼女が中学校を卒業する頃には父は会社を辞め、次の就職先を探すこともなく、呑んでは寝る、起きては呑むのアルコール依存症者特有の生活になっていた。

「母もお酒を買えないように、父にはお金を渡していなかったんですが」

酒が呑みたい。しかし買う金がないとなると、選択する行動は万引きか無銭飲食になる。母に連れられ、警察に頭を下げに行くことも少なくなかった。

父が母へ罵声を浴びせたり、暴力を振るう場面を目にすることも徐々に増えていった。目が覚めて台所に行くと、泣きながら蹲る青痣だらけの母の姿を目にしたこともあった。酒を呑んで荒れ狂う父に怯え、母とともに公園のベンチで毛布に包まり、身を隠して夜を過ごしたこともあった。


本当に地獄でした――と、当時の父との生活を振り返り、彼女は話す。

殺してやりたいと思ったことも何度も何度もありましたよ――と、彼女。

でも、私以上に、きっと、母の方が――。

伺った年齢以上に顔に深く刻まれた皺を見れば、その苦労は私などが察するには余りある。

何度もの母との相談の末に、医療機関に頼るしか方法がないとの結論に至った。

当時は少なかった長期の入院を前提とした専門病院を三人で見学しに行った後。回転寿司のテーブル席で「家族と過ごせなくなることが辛いなぁ」と呟いて、涙を流していた父を思い出す。そんな父の背中を、母は黙ってゆっくりと何度も何度も摩っていた。

父も懸命にアルコールから脱しようと努力していたのだと思う。

しかしながら、この病気は自制が効かなくなるところにその怖さがある。


三か月の入院生活の後、すっかりアルコールが抜けた父は別人のようだった。

迷惑掛けてすまなかったな。父ちゃん、頑張るからな。頑張って、お酒、辞めるからな。

何度も何度もそう繰り返し、幼い頃に見た笑顔を自分に向ける父に、胸が詰まった。

しかし、一週間ほども経てばどこから調達したのか、再び酒を呑み、母に暴言を吐く。

酒くらい呑ませろ。俺を誰だと思ってるんだ。嫌ならこの家から出て行け。

呑んでいる酒瓶を取り上げたことで口論となり、顔の形が変形する程に殴られる母の姿も幾度か目にした。その後、父は片手では到底足りないほどの入退院を繰り返した。


その父が、一昨年の秋口、入院先の病院で逝った。死因は重度の肝硬変であった。

通夜を終え、家に帰り着いたとき時「苦労したねぇ」とぽつりと呟いた後、母は背中を震わせ嗚咽《おえつ》した。

何度も失敗を繰り返しながらも酒を辞めて懸命に家族と共に過ごそうと努めた父。結果、どうしようもない父ではあったが、母はやはり父を捨て切れず、愛していたのだろうと思った。

四十九日の法要の日は雲一つない、目が覚めるほどの秋晴れだった。

本堂で住職の読経を終え、納骨を終えた父が眠る墓に向かう。線香を手向ける順番を待ち、彼女の番となった。彼女は母と前日に相談し、特級の清酒を用意していた。

アルコールの存在自体を憎んだこともあった。酒などがこの世に無ければ、母と自分はこんな思いをしなくて済んだのかもしれない。周囲の友人達と同じ、極々、普通の幸せな家族の生活を送れたのかもしれない。

だが、父が亡くなった今となっては、巧くアルコールと付き合えなかった父に、唯々、可哀想だったという思いしかなかった。友人達が集まる場でも酒を呑むことに耐え、会社の付き合いも、在りもしない理由を付けてはその都度、断っていた。好きなものを我慢し続けて生活するのはどれだけ辛いだろうか。父が逝った後ではその心中を聴くことは敵わない。

お父さん。随分、私達に苦労をさせたね。お父さんも何度も何度もお酒を我慢して、よく頑張ったね。向こうではもう我慢しなくていいんだよ。好きなだけ。大好きなお酒を、もう好きなだけ呑んでいいんだよ――。

一升酒瓶の蓋を開け、語り掛けながら墓石へと掛ける。

刹那、向かった墓石に斜めに亀裂が走り、半分程が台座から大きな音を立て、地面に落下した。集まった親族から小さな悲鳴が漏れる。

呆気にとられた彼女に、立ち会っていた住職が慌てて声を掛けた。

お父上は怒っています。あれだけ我慢した酒を、死んだら呑ませるのか、と――。

数年前に親族で費用を工面して建立し直した、白御影石の墓石である。崩れることなど、到底、在り得ない。

以後、父の墓参りの際に酒を供えることは親族の間では禁忌となった。

父が他界して二年後、今度は母が心不全で他界した。

思い返せば、母の人生は彼女が幼い頃から苦労しかなかった。

大変だったねぇ。でも、今頃はお父さんもお母さんも、きっと向こうで仲良くやっているよ――両親を失った彼女に叔母が慰めの声を掛ける。

　本堂に親族が集まり、住職が簡単に挨拶し、読経を始めた刹那。

「てめぇ、この■■■がっ！■すぞ！」「誰の稼ぎで飯食ってんだ！早く■■！」「畜生、この畜生がっ、■■■っ！■■■っ！■■■っ！」

　本堂に響き渡る怒声に住職の読経が止まる。

　それは紛れもなく、父の声。生前、母に向けて何度も何度も発せられた罵声。

　あぁ、母は向こうでも父に暴力を振るわれているんだ――。

　献花の百合の一輪が頭から千切れ、床に落ちてぽとりと音を立てた。


　ところで、この病症は、五十～六十％の割合で子に遺伝するとの研究結果がある。

　その生い立ちからか、彼女は二十台後半頃に精神を病み、現在は長期の入院を余儀なくされている。

　仕事柄関わった、アルコール依存症治療の専門病棟に入院する女性から伺った話である。

見苦

私、原田は地方の行政で福祉職に就いている。以前、その現場で関わった、ある男性の話である。

彼から初めて相談を受けたのは八年前。高校を卒業後、数年間勤めた印刷工場を解雇され、貯金も底を突き、生活ができないとのものであった。解雇の理由は、職場の人間関係。彼は高校時代から精神科に通院している。疾患名は統合失調症。精神保健福祉手帳を持っており、等級は二級である。両親からの虐待により、幼い頃から児童養護施設で育ったため、頼れる身内はいない。アパート暮らしで、独居。

当時の私は（表現は決して芳《かんば》しくはないが）、よくある類の相談のひとつとして対応し、生活保護の受給を助言した。手続きは順調に進み、程無くして、彼は生活保護により生活を立て直すこととなった。その後も引き続き、私は彼を担当した。

彼の病症は顕著で、特に幻聴と幻覚、加えて妄想が著《いちじる》しかった。定期通院と服薬は適正に行われていたが、軽快には程遠かった。

彼の住むアパートへ足を運ぶに連れ、互いに好きな漫画が共通していたことを切っ掛けに、彼は次第に私に心を開いてくれるようになった。

ある日、アパートを訪れた私に、彼は相談したいことがあると言った。少し長くなるかもしれないが、時間は大丈夫かと問う彼に、今日はこの後の予定が無いから、いくらでも構わないと答えた。


——霊が見えるのだという。


原田さんは信じてくれるよね、と彼。私は彼に一度、本業とは別に、怪談を集めて書籍にしていると話したことがあったのを思い出した。

先述したように、この頃の彼は病症が安定していなかった。ご存知の方も多いと思うが、彼の疾患と霊障を結び付ける意見は間々ある。彼が話を切り出した際、私も彼の霊云々の話よりも、不安定な病状のほうが先に気に掛かった。

病気の所為《せい》じゃないよ、と彼は話を続ける。

彼の話では、統合失調症を発症する以前、物心が付いた頃からそれらが見えていたと言う。

通学路の電信柱の陰、民家の二階、学校の廊下、自宅の軒下、仏間――。

至る所にそれらは居た。中には彼に何事かを話し掛けてくる者もいたが、一切を黙殺した。自分にしか見えないものや聞こえないものがあることが、酷く恐ろしかったのだと言う。

施設の職員や友人達に相談したこともあったが、一笑に付されるか、或いは病気を疑われるかのいずれかだった。

印刷工場を解雇されたのも、それが原因だったという。

あの工場は特に酷くて、出る量が尋常じゃない。しかも性質《たち》が悪くて、作業中の俺が驚くようなことばっかりしてきてさ――と、彼。

ミスが重なるごとに周囲との人間関係は悪化し、彼を揶揄した先輩を殴ってしまったため、解雇に至ったのだと言う。

私が担当してきた、彼と同じ疾患を抱える方々の中で、同様に霊障を訴える方は、正直、少なくない。しかしながら、彼が他の方と明らかに異なっていたのは、彼が自身の抱える疾患を理解し、その病症について深い知識を持っていたことだった。彼の「病気の所為ではない」との発言は、その理解や知識に裏打ちされたものであったと私は認識している。

でもね、最近はやっぱり病気の所為なんじゃないかと思う自分もいるんだよね、と彼。医者にも散々、病気だからだ、薬をちゃんと飲めって言われてるし。逆に病気だったら治るかもしれないしね――。

今もほら、ベランダをおっさんがウロついてるでしょ――、と彼。その言葉に驚いて後ろを振り向くが、当然、私には何も見えない。

彼の悲しそうな表情に掛ける言葉が見つからず、また来るからと言って、私はその場を辞した。後味の悪さだけが残った。

それから数週間して、彼が私の職場を訪れた。彼から足を運んでくれるのは珍しく、とても嬉しかったのを覚えている。

原田さん、今、ちょっと話を聴いて貰ってもいいですか——。

私は二つ返事で了承する。

昨日のことだと言う。彼は気分転換のつもりで久し振りに散歩に出た。歩き回った所為で少々草臥《くたび》れ、近くにあった公園のベンチに腰を下ろす。公園からは大通りに掛かる歩道橋が見える。その歩道橋の真ん中あたりからぶら下がるスーツ姿の男。風が無いのにもかかわらず、男は異様に前後左右に大きく揺れている。こっちを見ているのがわかる。

あぁ、まただ。いつまでこんな奴らが見えるんだろう。本当に病気の所為なんだろうか。

これからの、先の長い人生を考えると、吐き気がする。

こんなんだったら、そう。いっそのこと——。

その時、母親に手を引かれた幼子が彼の座るベンチの前を通り掛かった。幼子は歩道橋の方向を指差して「ママ、おじさん、ぶらぶら。おじさん、ぶらぶら」と母親に訴える。

母親は我が子が指差す先を見たが、怪訝な顔をし、無言で我が子の手を引き、去って行った。

原田さん、やっぱり、病気の所為じゃないんだよ。俺が小っちゃい頃からずっと見えてたの、やっぱり病気の所為じゃなかったんだよ——。

口角泡を飛ばし、大声で捲し立てる。

あの時の嬉しそうな彼の顔。漸く自分自身を承認することができた、あの嬉々として私に話す彼の顔を、今でも時々思い出す。

彼は私の職場を訪れてから程無くして連絡が取れなくなり、アパートに荷物を置いたまま、失踪した。

現在も行方がわからないままとなっている。

失身

仕事柄関わった、二十代の女性から拝聴した話である。

初めて顔を合わせた際に、彼女は自身が抱える病を「身体完全同一性障害」だと私に話した。福祉医療の現場に携わる立場であるにも関わらず、不勉強もあって、恥かしながら私はこの病を知らなかった。

自らが理想とする身体のイメージと現実とが一致しないため、その部位を切断したいという強迫観念に囚われる病であり、精神疾患に分類される。大脳の右頭頂葉の機能不全が原因との説もあるが、症例数は世界的に見ても決して多くは無く、はっきりとしたことはわかっていない。

彼女は幼い頃から、自身の両の手にある十本の指に、強い違和感を持っていたという。本来そこにあるべきはずの無いものが、自分の身体から生えているような異物感。

「取ってしまいたい、引っこ抜いてしまいたいと、小さい頃からずっと思っていました」


幼い彼女は悩み、考えあぐねた。不意に、強く握り締めた両手に視線を落とす。彼女の目からは指が隠れて見えない。親指を包み込むように握ると、更に具合が良かった。全ての指が隠れた角度で両腕を動かしてみると、得も言われぬ気持ちになった。

「あの瞬間に感じた恍惚は、とても言葉では言い表せられません」と、彼女は語る。

暇さえあれば一日中、握った手を眺めて過ごしていました——と、彼女。


以降、彼女は両の掌を握り締めた状態で生活を送ることに徹した。当然、日常には支障が生じる。両親は我が子を案じ、時には強く叱責したが、彼女が行動を変えることは無かった。中学校卒業までは障害を持つ子どもが在籍する特別支援学級で義務教育の九年間を過ごした。成長するにつれ、掌から生える十本の異物に対する嫌悪感はますます強くなっていった。

「騙し騙し過ごしてましたけど、正直、限界を感じていました」

成人を目前に控えた或る夜、彼女は近所のスーパーで食塩とロックアイスを大量に買い込む。帰宅した彼女は自室に籠ると、数日前に購入した金属製のボウルにロックアイスを敷き詰め、食塩を振り掛けた。

握り締めた拳を開き、余分な十本の異物をそっと氷の中に浸ける。その瞬間、彼女は漸く本来の自分の姿になれるという強い安堵と期待、少々の緊張感により、身震いしたという。ボウルの底に溜まった水を捨て、氷を継ぎ足しながらの作業は明け方まで続いた。

皮膚の感覚が完全に無くなり、十指全てが焼けたように黒ずみ、壊死《えし》したことを確認した後、彼女は自身で救急車輌を要請した。

結果、彼女は長年の願望が叶い、十指全てを離断することとなった。

数年後、彼女は中学生時代の特別支援学校の同級生と婚姻し、程無くして男児を出産する。子はやや多動気味ではあったものの、順調に発育した。

ある日、彼女は三歳になった我が子と買い物に出掛けた。普段、家の中で過ごすことが多いせいか、子はいつも以上に彼女の周りを走り回る。

「なんだか危なっかしいなぁって思ってました」

案の定、横断歩道で信号が変わるのを待っていた際、走り回っていた子は赤信号であるにもかかわらず、車が行き交う大通りへ飛び出す。ちょうど右手から、大型トラックがスピードを緩めず走り込んできたところだった。


悲鳴より先に、手が伸びる。彼女は咄嗟に我が子の腕を掴もうとした。

瞬間、視界がコマ送りのようにスローモーションになった。

横断歩道を飛び出す我が子。子の寸前まで迫っている大型トラック。必死に伸ばす自分の掌には失くした筈の指があり、我が子の細い腕を掴んでいた。

トラックの大きなタイヤが、子の鼻先を掠める。

彼女はへたり込み、指のある両の手で我が子を引き寄せ、強く抱き締めた。

その胸が潰されるような愛おしい感覚は、徐々に薄れ——いつの間にか、泡のように消えた。

「今更、戻ることはできませんが」

なんて自分は浅はかで、愚かなことをしたんだろうって――。

彼女は、赤い手袋をした両手で顔を覆い、号泣した。

現在彼女は、十本の義指をして生活を送っている。

あの人

乾さんの両手には沢山の刻みが入っている。

すべて自分でつけたものだ。

「……これね、ちょっと物を測ったりするとき便利なんですよ。ひと目盛りが大体五ミリだから。なんつって、アハハッ」

——鉄板ネタなのかも知れないが、リアクションに悩むところである。

ここで安易に苦笑したりするのは負けたも同然——。

へぇなるほど、ところで俺の乳首と乳首の間は二十四センチで、左乳首とその下にある副乳の距離は七センチ、これを直角三角形として計算すると斜辺にあたる右乳首と左下副乳との距離は丁度二十五センチになるんだよと告白して、私は自分の胸を指し示した。

彼女は呆然とし——私の真顔と三角形を交互に見比べてから、やがて盛大に爆笑した。

「松村さん急に何言い出すの？　え、おっぱいが三つあるの？」

「そうだよ。男性の五十人にひとりくらいはそう」

「うっそぉ」

「本当」

乾さんはへええと大口を開けて感心した。

これで大体、お相子だろう。私は納得する。


「まあそんな感じで、中学生の頃に色々あったもんだから、あたしのメンもとうとうヘラ気味になっちゃって——高校には行かずに、ずっと山のお祖母ちゃんちで世話になってたんですね」

今でこそ明るい表情を見せるが、当時の彼女は自分に将来などないと思っていた。

自分は同級生達とは違う。大切にされている子達とは違う。

「子供って、すぐに〈取り返しがつかない〉とか思うじゃないですか。勿論それはそうなんだけど、大人になってくるともっと色んなものが見えてきて、頭の中に別なものがどんどん入ってくるようになって。そういう苦しかったことが小さくなる訳じゃなくても、こう——相対的に、それは色々ある中のひとつなんだなって思えるっていうか」

「そうだね」

「……あたしがそんな風に思えるようになったのも、多分〈あの人〉のおかげなんです」


深い森。

斜面を段々に区切る沢山の石垣と、そこに作られた水田。

乾さんはそんな山奥の村で暮らしながら、時折祖母の畑仕事などを手伝っていた。

山の中に入るのは好きだった。

〈あの人〉と逢えるからだ。

「一度お祖母ちゃんに話したら、それから三か月くらい外に出してもらえなくなったから、ああこれは秘密にしなきゃいけないんだなってわかって」

余計なことは言わないよう心掛けた。

——乾の孫は狂うとる。天狗に狂わされとる。

このままでは赤い子を孕むぞ――。

「……わからないな。天狗ってのは何だい。それが〈あの人〉なのかい?」

「そうですよ。私、山の中で天狗とセックスしてたんです。三年間、天狗の嫁だったの」

「…………」

「あの人の子を二回妊娠したけど、二回とも村の連中に産ませてもらえなくて。その時に結構体調崩して、そのまま、山から降ろされちゃったんですよね」

「ごめん、わからない。……何と?」

「……天狗だって言ってるだろ。お前もあたしをキチガイ扱いすんのか」

「いや、そういう訳じゃ」

「なんだ、もういいや。帰るわ。バイバイ」

「乾さん」

最後の客

曽川氏は以前、レンタルＤＶＤ店で働いていた。

チェーン店ではなく、駅の裏で細々と続けてきた個人経営の店だという。

「もう潰れちゃったけどね。最期の方は、頼りのアダルトもどんどん回転が落ちてって、開店休業みたいな状態になってたなぁ……」

オーナーは苦し紛れに、店の一角で安価な生活用品の販売などを始めたりしたそうだが、その安っぽく雑然とした雰囲気がかえって仇になり、閉店を早めた感もあった。

「ああなっちゃうと、お客さんの方も察するから――あ、この店もう長くないんだなって思ったら、わざわざそんなところで借りないでしょ」

採算が合わなくなってから店を畳むのは、完全に悪手であろう。

ほとんどオーナーの意地で続けていたようなものだと、曽川氏は肩を竦めた。

「……で、まあいよいよ限界が来て。僕が諸々の後片付けを任されたわけです」

店を閉める二週間前には貸し出しを終了し、あとは返却を待つだけとなった。

とうに他の従業員達は辞めている。店番は、曽川氏のみ。

ひとり、またひとりと常連客が訪れては、店のロゴが入った貸し出し袋を置いて去って行く。そのほとんどは壮年以上の男性である。

「いよいよ閉店かい。ここの品揃えは好きだったんだけどなぁ……」

「曽川さん、今までありがとう。お疲れさんだね」

などと、短い挨拶を残してくれる者もある。

曽川氏も寂しさを覚えつつ、「長年のご利用、ありがとうございました」と頭を下げ、返ってきたDVDをパッケージに戻しては、段ボールの箱に詰めてゆく。

仕事の合間を見ながら、棚に並んでいた商品も全て同様に箱詰めする。

よく回ったハリウッド映画も、たった数回しか借りられなかった特殊なアダルトも。

それらは全部まとめて、専門の業者に引き取ってもらうことになっていた。

そんな折りの話である。

※

——どうやらこの人が、最後の客になりそうだな。

レジ横のＰＣモニターを見ながら、曽川氏は腕を組んだ。

会員ステータスが貸し出し中になっているのは、あと四人。

その内三名は、期限までまだ二、三日の余裕があったが、戻しに来てくれるのは間違いなかった。いずれも顔なじみの人々だ。

問題は、残りの一名。

既に六日間延滞している。

借りているのはアダルトが五本で、全部新作。少々きな臭い。

どうせ閉める店なのだからと侮って、返却する気がない惧《おそ》れもある。

会員情報を確認すると四十代後半、入会は半年前だった。

この客は、確か——と、曽川氏は記憶をさかのぼった。

そうだ。作業服。

ぼさぼさの頭に無精髭。機械油が染みついた爪。

入会時に一度借り、その二週間後にまた借りて――。

以後五か月間、今回のレンタルまで利用記録はなかった。

「……こりゃあ、故意犯かなぁ」

最後の最後がトラブル客というのも残念な話だが、火事場泥棒のような真似を許す訳にはいかない。曽川氏はため息をついてから、登録されているその客の連絡先へ、電話をかけることにした。

その日は三回かけて、全部留守番電話サービス。

翌日は五回かけ、同じく留守電。想像していたとおり、常連三名のＤＶＤは、この日に全部返ってきた。

更に翌日。このままでは埒が明かない。

オーナーと相談した結果、直接相手の住所に出向こうという話になった。

本来なら郵送で督促状を出すのだが、そんな悠長に構えている暇はない。

最早間違いなく、向こうは借り逃げするつもりである。

この期に及んでそれを許しては、延滞料金がどうのという以前に後味が悪い。

店を畳むに畳めない。

「曽川さん……、これはもう銭金《ぜにかね》の問題じゃないんだよ。この場所で二十何年間コツコツやってきた我々の、プライドの話なんだ。よろしく頼んだよ」

「ええ、任せて下さいオーナー。何があっても、ＤＶＤだけは取り返して来ます」

「うん。……まあ延滞金もね、払えるもんなら払ってもらってね……」

「……あ、ええ。そうですね。頑張ります、行って参ります！」

平日の午後。住宅地図を頼りに到着したのは、隣町の町工場だった。

鉄筋の加工などを行っているらしく、敷地の隅には赤く錆びた資材が山と積まれ、細かな鉄粉が辺り一面に薄く積もっていた。

事務所と思しきプレハブの戸を叩き、曽川氏は要件を告げた。

「後藤ですか――アイツ、またそんなことを」

六十過ぎの社長らしき人物はボールペンで禿げ頭を掻いて、舌打ちする。

「申し上げにくいんですが、もう、延滞料金も八千円になっておりまして……」

「はッ、八千円！」

ふはッ、と大量の鼻息が噴出される。伝票の束が机から舞う。

ゴトウ！　ゴトウ！　と大声で呼ばわりながら、社長は大股で工場の方へ向かった。

――作業の手を止め、振り向いた大柄な男。

暑苦しそうなざんばらの髪に、無精髭。感情のない濁った目。

この顔で間違いなかった。延滞客である。

「後藤お前、この人の店のエロデーブイデーを盗むつもりだったんか！」

即座にボコッ、と社長の拳が男の頬に飛び、曽川氏は仰天した。

「お前、更生したいんじゃなかったんか！　恥ずかしくないんか、おい！」

ボコッ、ボコッ――。

後藤は縮れた前髪を揺らしながら、無抵抗に殴られ続けている。

「しゃ、社長さん。暴力はいけません。私どもとしては、商品が返ってくれれば」

「えっ。延滞料金は要らんのですか」

「……いえ、それも勿論、お支払い頂きたい……」

ほらみろっ、とまた殴り出す。

「八千円っつったら、お前の日当と同じだろう！　それをこんなことに、罰金みたいなもんに払わされて！　そんなんでお母さんにお金が返済できると思っとるんか！」

曽川氏は僅かに震えていた。

どんな事情があるのかは知らないが、面倒を見てくれていると思しき社長が、こんなに激昂して殴っているのに――後藤の足は、根を張ったように動いていない。

パンチがまるで効いていない。

その冷ややかな視線は前髪の隙間から、じっと曽川氏に注がれていた。

※

延滞金は社長が立て替えてくれたが、肝心のＤＶＤは傷物になっていた。

工場の裏にある、古い木造の社員寮。

そこの二階、後藤の部屋の窓の外に、テグスで吊られていたからである。

風に叩かれ、木枠のサッシに擦られて、裏も表も擦過痕まみれ――。

「ああ、可哀想に……」

曽川氏は痛々しげなそれらを、無念の思いで鞄に仕舞う。

ケースと貸し出し袋は、既に処分されてしまっていた。

社長が呆れかえった様子で、大きく嘆息する。

「おい後藤。なんで人様から借りたもんを、こんな風に……」

「――店、潰れるって書いてあったから。もう要らないと思って」

「だからってお前、カラス除けにする必要があるか」

「――カラスじゃない」

「じゃあ何だ。鳩か。どっちでもいいんだそんなのは」

「――鳩じゃない。イ●ダ●ミコ」

ぎくり、と社長の顔が強張った。

曽川氏はもう帰ろうと思うが、タイミングが掴めない。

社長は顎を引き、声を一段低くした。

「……お前それ、本気で言うとるんか」

「オレが部屋でマスかいてたら、イ●ダ●ミコが来るから。ずっと迷惑してる」

「四十七にもなって、言って良いことと悪いことの区別もつかんのか、お前は。……結局自分が何をしでかしたか、未だにわかっとらんのだな。そういうことだな」

「…………」

――それでは私は、そろそろ失礼します、と曽川氏が頭を下げた。

社長も後藤も返事はしなかった。

ガンガン、ガンガン――と工場の中から鉄の音が響いて来る。

曽川氏はその騒音から逃げるように、足早に敷地を立ち去った。

※

持ち帰った五枚のＤＶＤは、半ば曽川氏の習慣によって、修復機にかけられた。

「……結構傷だらけだったからね。よしんば再生出来るようになったとしても、業者に出せないのはわかってたんだけど。そのまま捨てるのもあんまりだと思って」

結果、一枚目から三枚目までは読み込み不能のまま。

四枚目はフレーム飛びを出しながらも、途中までなら再生でき――。

五枚目は、ほぼ視聴に不具合ない程度まで回復した。

「僕はそれを、ポスター剥がしたりＰＯＰを片付けたりしながら、店の機械で再生してたんだ。……まあ正直な話、まともに見られるやつがあったら——どうせ捨てちゃうんだし、僕が持って帰ろうかな、って気持ちはあったよ」

全ての営業を終了し、空っぽの棚ばかりが並ぶ店内。
音量を絞ったアダルトＤＶＤの映像が、カウンター横のモニターに映っている。
それは女子校生を廃ビルに連れ込み、無理やり関係を持つという内容だった。
——ああこりゃあ、僕の趣味じゃないなぁ。やっぱり捨てるか。
ありきたりと言えば、あまりにありきたり。まるで珍しくもない。
曽川氏は大きなゴミ袋を持ち上げ、よいしょ、と店の入り口の方に運んだ。
その時丁度、画面に。
女優の顔のアップが映る。
「……へっ？　うわッ……」
ゾッとして、思わず声が漏れた。
なんだこの表情は。
腹でも切られたのか——。

咄嗟にそう疑ってしまうほど、真に迫った苦悶の皺。幾筋もの血管が浮かぶ額。
固く食いしばられた歯からは、ギリギリという音が今にも聞こえてきそうだ。
「い、いやいや。これは駄目だよ、なんて演技するの。気持ち悪いよ……」
真っ赤に充血した目が、カメラを睨みつけている。
そこに満ちる怒りと苦しみ。
悔しさと悲しみ。
――恨み。
とても正視できない。
「いやだいやだ。か、かか、勘弁勘弁……」
曽川氏はブツッ、とモニターの電源を切った。
店内に落ちる静寂――。
ふうー、と息を吐く。
プレイヤーからＤＶＤを取り出す前に、もうわかっていた。
これは、昨年売れっ子として活躍した女優の初期の出演作だ。

タイトルに名前が出ていたし、序盤で廃墟に連れ込まれていたのも、確かに彼女だった。

でも——それなのに。

あのアップの顔は、違った。

中学生か、精々高校生くらいにしか見えないような、まるで知らない少女の顔だった。

「やれやれ、まったく。冗談じゃない。僕は何も知らないよ、知らない知らない、関係ない——」

曽川氏はそのＤＶＤをゴミ袋の底まで押し込んでから、電気を落とした。

そしてそそくさと、長年勤めた店をあとにした。

——今から五年ほど前、Ｋ県での話である。

天婦羅

今から七年前、谷川君が新社会人になった年の話だという。

「当時住んでいたのは学生用の部屋で、卒業したら出ていくことになってたんです」

四年間を過ごした年代物の木造アパート。

一応、そのまま住み続けられなくもないらしいのだが、その場合は家賃が割り増しになる契約だった。おんぼろの1Kに出すには、惜しい額になってしまう。

「なので、わりと早い段階から、新しい部屋を探してはいたんですが……」

時期が時期だけに、あれやこれやと雑事が重なる。

つい決定を先送りにしている内に、ふと気がつけば、目ぼしい物件は粗方埋まってしまっていた。慌てて方々の不動産屋を回ったものの、残っているのはやたらと高額だったり、極端に狭かったりと、いずれも少なからず妥協を要するものばかり。

やはり、部屋探しというのは早い者勝ち――悔やんだ時には、もう遅い。

「どうしよう……、って少し呆然となりましたね。大家からは、今の契約を更新するのかどうか、早く決めてくれってせっつかれて」

気が進まない場所に引っ越すくらいなら、割り増しの家賃を払った方がマシだろうか、と友人に相談すると――。


「――それなら、俺の叔母さんに訊いてやろうか？　今のお前の部屋よりもっとおんぼろな、ホントに昭和のアパートだけど……。近々、取り壊す予定らしくてさ」

敷地の一部に居宅を建て、残りは貸し駐車場にする、という計画らしい。

「部屋は空いてるみたいだし、壊すまでの間だったら格安で住まわせてくれるんじゃないかな。で、一旦そこに移っておいて、ゆっくり新しい部屋探せばどう？」

「マジかよ。だったら有難いけど、敷金とかは……？」

「そんなの要らないと思うよ。ちょっと待ってな、電話してやるよ」

「お、おお……」

持つべきものは友である。

話はそれからトントン拍子に進み、一年間だけという約束で、谷川君はそのアパートに引っ越すことになった。

家賃は三万円。２Ｋの風呂トイレ付き。

トタンの外壁に、青々と蔦の茂る二階建て。ペンキの剥げた薄いドア。

あちこちに亀裂の入った外廊下は常に湿り、薄っすらと苔まで生えている。

それはまさに友人の言うとおり、陰鬱な昭和の雰囲気が沈殿するアパートだった。

上下に各三部屋あるようだが――赤錆の浮いた鉄製の外階段は半ば朽ち、ほとんど脱落寸前の有様で、使用禁止の看板と共に虎柄のロープが張られている。

どうやら二階は使われていないらしい。

家主である友人の叔母は、甥っ子の友達なら仕方がないわと笑いつつ、くれぐれも一年経ったら出てくれるようにと念を押した。

谷川君は何度も頷いた。言われるまでもない。

流石にこんな廃屋めいた建物で、何年も暮らすのは御免だ。むしろ出来るだけ早く出て行くから、自分が住んでいる間は崩れないでくれよ……、と祈るような心境である。

「一階の真ん中、一〇二号を掃除してあるから。一応両隣にはご挨拶してね」

「は、はい。ありがとうございます」

「それと——上には、誰も住んでないの。二階は三つとも、空き部屋なのよ」

「ええ、そうみたいですね」

「あの階段、もういつ外れてもおかしくないし、所々抜けちゃってて危ないから、上がって行ったりしないようにして頂戴ね。わかった？」

「……は、はい。わかりました」


一〇一号室に住んでいたのは独り暮らしのおばあさんで、挨拶に来た谷川君に驚いた様子だったが、一年だけの約束なのだと説明すると何故かほっと息をついた。

「嗚呼、そうでしたか……。だったら結構。私も来月には出てゆきますから」

「えっ、そうなんですか」

「はい。この歳になると中々入れてくれる所も見つからないから、ずっと困っていたんだけど。民生委員の人があちこち探してくれてねえ……。やっとゆっくりできると思って、安心したところなんですよ」

なるほど——実際、地震でも来たら崩れそうなアパートだ。お年寄りは不安だろう。

谷川君はひとり合点しつつ、では、短い間ですがよろしくお願いしますと頭を下げた。

「はいはい、ご丁寧に……。嗚呼そうだ、あなたお若いから一応言っておきますけどね。上は、見に行かない方がいいですよ」

「……えっ？」

「夜中に階段から落ちた人もいます。それだけはどうぞ、お気をつけて」


一〇三号室にはおじいさんが、こちらも独りで住んでいるとのことだったが、何度か訪ねてみても返事がなかった。耳が遠くて気づかないのだろうか、と思ったものの——。

引っ越し作業をすべて終えた翌日。

一通の封書が、部屋のドアにガムテープで貼り付けられていた。

その茶封筒には宛名も、差出人の名前もない。

しかし内容を読む限り、隣室の老人が書いたものと考えて間違いないようである。

最早手紙の現物は残っていないとのことだが、谷川君の記憶を元に再現すれば、それは概ね、以下のような内容であったという。

『新入居者様

まずは御入居御慶び申し上げます。

小生長年に亘る迷惑行為の被害によって心身の衰弱甚だしく、立ち話すら困難な病身で御座いますので書面にて御挨拶させて頂きます。

新入居者様におかれましても小生の如く殺人的ストレス蓄積によって御体調崩されませんよう何卒御注意下さい。

新入居者様の御声を拝聴する限り気力充実した好男子と推察致します。

是非とも小生の仇を討ち、不逞の輩をこらしめて下さるよう願います。

御成果に期待申し上げます。以上』

※

——新生活が始まり、研修や親睦会でクタクタになる日が続いた。

就寝の早いお年寄りに挟まれた生活は驚くほど静かで、まるで廃墟に暮らしているような気分になってくる。

午後九時を過ぎればテレビの音もしなくなり、両隣の明かりは消えてしまう。

外廊下の照明も切れっぱなし。

つまり、アパート全体が真っ暗な夜に沈み込むことになる。

谷川君は、流石に少々気味が悪いなと思った——。

人がいる筈なのに、その気配がない。

極端なことを言えば、生きているのか死んでいるのかすらわからない。

じっと息を凝らして隠れている訳でもあるまいし、老人の生活というのは、こんなにも静かなものなのだろうか。

そうなると谷川君もまた、家の中では不要な物音を立てないよう気を遣ってしまいがちになり、日中の疲労がきちんと抜けきらないまま朝が来る。

一週間、二週間と身体に疲れを残して出勤を続け、ここに越したのは失敗だったかな、と後悔し始めた、そんな頃。

深夜。

……じじじじじじじ……じゅうッ……じゅううッ、じじじじ……

彼は布団の中で薄目を開ける。何の音だろう。
虫の声。いや、水音――。
違う。
これは油だ。

……じゅううぅぅッ……じじじじ……じゅううッ、じゅううッ……

こんな時間に、誰かが揚げ物をしている。
枕元のスマホに手をやれば、午前一時三〇分。
「……んん」
何故。
重い身体を起こし、谷川君は瞼を擦った。耳を澄ませる。
どちらの隣人だろう。おばあさんか。おじいさんか。

「……あれっ」
待てよ、おかしい。
どうやらこの音は、天井から聞こえている——。
一瞬にして意識が冴えた。
染みだらけの黒々とした天井板を見上げ、息を呑む。
やがて粘つく食用油の臭いまで、ゆっくりと彼の鼻先に漂い始める。
——と、突然。
〈ドンッ！〉と隣室の上方で激しい物音がして、谷川君は飛び上がった。
「な、なになにッ。何だよッ……」
一〇三号、おじいさんの住んでいる側である。
すると油の音はボリュームを絞るように小さくなってゆき、そのままふっつり消えた。
彼は湿った布団の上でまんじりともせず、隣と上に耳を澄ませ続けた。
油の臭いは朝まで残っていた。

※

『新入居者様
上階の不逞住民への御対応はどうなりましたか。
誠に遺憾ながら改善の様子が一向見受けられません。
御承知のとおり小生の忍耐も限界を超えております。
刃傷沙汰にでもなれば関係者の皆々様に大変御迷惑を御掛けする事になります。
一刻も早い御対処を重ねて宜しく願います。以上』

※

「……何かそんな感じだから、俺、ちょっと困っててさ。大家さんに電話しても全然つながらないんだよ」

〈あー……、じゃあ多分、息子夫婦の家の方に泊まりに行ってるんじゃないか。また、携帯の方に連絡しとくよ〉

「うん……。悪いけど、出来るだけ早く様子見に来てって言っといて。正直気味が悪い。

隣の爺さん、直接訪ねても居留守使って出てこないし」

〈なるほどなぁ。……でもその、上の階っていうのは空き部屋なんだろ？　まさか変な奴が住み着いたりしてないよな？〉

「おい、やめろよ。その辺も含めて確認してくれって、お前から頼んでおいてくれよ」

〈ハハッ、わかったわかった。このあとすぐに電話するよ〉

電話口の友人は気楽に笑ったが、それから数日経っても、谷川君の元に大家からの連絡はなかった。


——油の音は、週に一度ほどのペースで続いた。

時刻はいつも深夜一時から二時の間。

隣室のおじいさんが大きな音をたてると、そのまま静かに消えてゆく場合がほとんどだったが、まれにしつこく調理が続けられることもあった。

そんな時は対抗措置として、癇癪じみた物音が数分おきに繰り返される。

音の重さからして、おじいさんはおそらく脚立か何かに上り、拳で直接、天井近くの壁を叩いていると思しい。しかもそれは、谷川君の部屋の側の壁である。

ただでさえ疲労の蓄積した身体にはたまったものではない。

〈ドン！　……ドン！　ドン！〉

「……クソッ、勘弁してくれ……」

そして眠気を妨害する、油の臭い――。

これは一体、何なんだ。「上の奴」はこんな時間に、何をしているんだ。

三か月目には帰宅するのが厭になり、彼は会社近くのネットカフェで寝泊まりを始めた。

まるで対処してくれない大家と友人に腹が立ち、それと同じくらい、自分の早計も悔やんだ。警察沙汰などにすれば、半ば温情で住まわせてもらっている自分はアパートから追い出されるに違いない。そうなると本当に、ネットカフェ住まいになってしまう。

数日に一回、重い足取りで着替えを取りに戻ると、いつもの茶封筒が貼り付けてある。

内容はいつも似たり寄ったりなので、毎回律儀にそれを読むのも止めていたが、部屋のドアは、既にグロテスクなガムテープの跡でいっぱいだ――いや。

待て。この、ペンキが剥げた跡。

どうして今まで気づかなかったのだろう。

よく見ればドアノブの上にも、下にも。覗き窓の周りにも。

自分がここに越してくる前から、何十回となく貼られ続けた痕跡が――。

『新入居者様
後生で御座います。小生を憐れに思し召すなら、今すぐ行動願います。
これまで小生が充分に耐えて参った事は関係者の皆々様なら御存知のとおりです。
上階の不埒な親子は殺人者です。家族を殺された者の苦しみを、何卒ご理解下さい。
殺人親子は夜分にしかおりませんので、今夜こそは必ず追い出して下さい。以上』

反対側の部屋のおばあさんは、とっくに退去してしまっている。つまりこの雨ざらしの犬小屋のようなアパートには、谷川君とおじいさんしか住んでいない。

その、筈である。

なのに。

谷川君は血走った目で手紙を何度も読み返していたが、それを突然ぐしゃぐしゃに丸め、隣室のドアに思い切り投げつけた。

紙屑は軽い音とともに跳ね返り、コロコロコロコロコロ、と外廊下の隅にまで転がった。

「……わかったよ。じゃあ、俺が追い出してやる。追い出せばいいんだろ！」

※

——彼が当時、冷静な判断力を失っていたことは間違いない。

異常な出来事と異常な隣人の板挟みに合い、常に緊張し、何にどう対処するのが正しいのかわからなくなっていた。

谷川君はその夜、普段点けないテレビを大きな音量で流し、天井を睨み続けた。

右手には缶酎ハイ。

狭い玄関の土間には、外廊下の隅に放置されていた、古い消火器——いつもの音が始まり次第、それを持って怒鳴り込むつもりだった。

上階で掴み合いになり、油の鍋をひっくり返してしまった場合のことを考えて、という訳ではない。手近な得物がそれくらいしかなかったからである。

「クソッ……。やってやる。どいつもこいつもふざけやがって、近所迷惑な……」

会社では、既に挙動不審な新人として目をつけられている。

先輩や上司達が、自分を「いつも眠そうな」「垢臭い」「物覚えが悪い奴」だと話しているのも聞いてしまった。折角の新社会人としての第一歩が、めちゃくちゃだ。

自分は門出をしくじった。

いや、しくじらされてしまった。

隣のジジイと──「上の奴」に。


……じじじじ……じじじ……


ハッとして、谷川君はテレビを消す。耳を澄ませる。

始まった。


……じゅううッ、じじじじ……じじじじ……じゅうッ、じゅううッ……


勘違いや錯覚の類ではない。厳然たる事実として、今、油の音と臭いがする。

一階の住人がそうであるように、「上の奴」もまた、普段は音を立てずに生活している。

今からそれを、追い出す。

大家や友人が頼りにならない以上、もう、自分自身でどうにかする他ないのだ。

「ぶっ殺すぞ畜生……。何時だと思ってんだ、クソが」

ブツブツ呟きながら、彼は缶酎ハイを呷り、畳の上に投げ捨てた。

そして消火器を片手に、そっと部屋のドアを開ける。

外は真っ暗だった。

数歩踏み出してみたが、自分の足がどこにあるのかもわからない。

点々と街灯がともり、薄っすらとした明かりを放つ住宅地の中で——このアパートの周辺だけ、まるで穴が空いたように暗闇。

湿気がひどく、肌が粘つく。

ふう……、ふう……、と酒臭い息を吐きながら谷川君は手探りで進んだ。

ほどなく指先が、黴に覆われたロープに触れる。

それをゆっくりとまたぐ。

錆びついた手すりを掴み、一歩一歩、上の部屋を目指して階段を上がってゆく。

メリメリッ、ミシッ、と踏板が厭な音をたてる。

途中、足が宙を踏んだので慌てて下がり、抜け落ちた段を確かめながら更に上がる。
——二階。
外廊下の足触りは絨毯のように軟質で、どうやら全面が苔に覆われている。
足を動かすたびにぶちゅっ、ぶちゅっ、と濡れた音がする。
そして——濃厚な、食用油の臭い。

……じじじじじ、じゅうッ……じゅううッ……じじじ……じじじじじ……

真ん中の部屋、二〇二号室と思しきドア。
その隙間から、小さな明かりが漏れている。
揺らめく赤い火。
誰かがいる。
「何やってんだ、この野郎……。おい。……おい」
何故だろう。ここへ来て、喉からは囁くような声しか出ない。
膝頭が震えて歩けない。

自分は何をしに来たのか。こんなところへ。
「くそッ……。くそ……」
怖い。
なんだこれは。
彼は突然正気に戻って、全身に鳥肌を立てた。あまりのことに目眩がした。
自分はどうかしていた。訳のわからない衝動に駆り立てられていた。
おかしいじゃないか。二階は空き部屋なんだ。誰も住んではいないんだ。
そう。つまり、このドアの向こうにいるのは——。

……じゅううううッ……じゅうッ……じゅうッ、じゅうううッ……

吐き気がする。
もう一歩も動けない。
ただガタガタと後悔に身を震わせ、助けて、誰か助けてくれと祈るばかり。
どのくらいそうしていたのか——。

ふと顔を上げると、ドアの隙間から見えていた赤い火が消えていた。
辺りはまた、真っ暗な闇に戻っている。音もしない。
「ハアッ……、うっ、うう、ハァ……、ハァ……」
谷川君は指先の感覚がなくなるほど握りしめていた消火器を、その場に置いた。
帰り道がわからなかった。
明かりが要る。光が。
そうだ、ポケットにスマホが――。
そろそろとズボンに手を差し入れ、取り出す。電源を押す。
ボウッ――と足元に浮かび上がる、苔の絨毯。
錆びた鉄の柵。
染みだらけの壁。
――ズタズタに割かれ外れかけたドアの隙間から黒髪の女が覗いている。
「ゲッ……」

と、悲鳴を上げかけた喉に舌が詰まり、息ができなくなった。

彼はスマホを振り回しながら逃げた。階段の手すりを見つけてそれにしがみつき、降りかけたところで、恐怖に負けて一度振り返る。


――女は音もなくドアの外に、外廊下に出てきていた。


肩までのボサボサの髪と、不明瞭な色のスカート。

猫背でずんぐりとした体形。

その背後にもうひとつ、小さな影――坊主頭の、子供が。

母親の陰に半身を隠したまま、真っ赤な口を大きく、縦に長く開けて。

「うああ……ッ、うわあああああッ！」

ダンダンダンダンダンダンダンッ、と闇雲に階段を駆け下りた彼が転落したのは、地上からおよそ、二メートルの高さであった。

一瞬の、失神にも似た空白ののち。

谷川君の右膝はコンクリートの土間に叩きつけられ、粉々に砕けた。

「……いッ、ぎゃあああああああああぁぁ！」

※

結局、全ては有耶無耶のままに終わった——。

谷川君に対する周囲の扱いは、「認知症の老人との隣人トラブル」「酔っ払って立ち入り禁止の場所に入り、怪我をした店子」という程度のものである。

更に長期入院によって会社にも居づらくなり、「馴染めないまま三か月で辞めた新人」というレッテルも、甘んじて受け入れざるを得なかった。

「——今でも、暗いところは怖いんですよ。それと、油っぽい臭いも苦手です」

友人との仲も当然気まずいものとなって、そのまま縁が切れた。

なので大家が対応してくれなかった理由は、わからず仕舞いである。

「多分ですけど……。大家さんは、関わり合いになりたくなかったんじゃないですかね。色々わかってても面倒くさいっていうか——だからもう、建物ごと全部壊すことにしたんじゃないでしょうか」

現在その土地は更地になっているそうだが、ストリートビューの片隅に映る画像を見る限り、駐車場などとして整備されている様子はないという。

異常な手紙を貼り続けていた隣人の消息も不明。

とうとう最後まで、その姿は確認できなかった。

ただ。

「僕が入院してる間に、両親があの部屋へ荷物を引き上げに行ってくれたんですが……。例の封筒がまた、貼ってあったそうなんです。僕自身はそれ、読んでないんですけど」

『新入居者様
天婦羅にされた憐れな犬は取り返して頂けましたでしょうか。
あれは小生の家族も同然であります。速やかに遺骨の御返却を願います。以上』

——と、書かれていたそうである。

あとがき

ご無沙汰致しております。

昨年度末から本業が慌ただしく、年度が明けても現在に至るまで忙殺されています。あまり忙しい、忙しいと宣うのは好みではないので涼しい顔を繕ってはいますが、真夜中に幾度も覚醒することもしばしばで、畑の土を弄ることも儘ならず、今年は夏野菜が育てられずに悶々とする日々を送っています。

そんな最中、私が住む田舎町で八月に大相撲の夏巡業が開催されるとの吉報。巡業が行われるのは我が町始まって以来とのこと。事前予約をしていたにもかかわらず、チケットの発売日には一時間半程長い列に並び、どうにか土俵近くの溜席を二席取ることができました。

四十になる愚息をいつも気に掛けてくれる両親にプレゼントするつもりです。

年を重ねる毎に興味の沸くことが限定的になり、気が付けば温泉巡りと蕎麦の食べ歩きばかりしています。同僚が（と言っても、もうすぐ七十に手が届く私の母と同じ年齢の大先輩ですが）趣味で舞台をやっており、今秋に群集劇を披露すると聞きました。趣味の幅を広げる意味でも今年は重い腰を上げ、劇場に足を運びたいと思っています。

昨夏から本シリーズに参加させていただいております。

自分の中の風物詩がひとつ増えたことを、大変嬉しく思います。

また、夏が来ました。

空

深澤夜です。

まずは六月の阪神の地震、七月に入っての西日本豪雨被害に遭われた皆様へ謹んでお見舞い申し上げます。

これを書いている現在、未だ被害の全容も明らかではありません。

広島、岡山、大阪、京都は知人が多く、気遣う気持ちはあれど直接連絡差し上げるのもご迷惑かともどかしいところです。この場をお借りしてご無事をお祈りさせてください。

毎年、夏ともなると酷暑だゲリラ豪雨だと、お見舞いばかりのように思いますけれど、今年は大災害になってしまいました。


仕事をしていたところ、テレビから「同じような場所で長時間雨が降る」と警告を聞きました。三年前の鬼怒川以降、たまに聞くものでしたけれど、これ平易ながら恐ろしい文句ですよね。語感からは、それが齎《もたら》す被害の大きさをとても想像しにくいのですが。

新聞社のコラムを読んでいたら「助かった人々は命の重さを噛みしめて犠牲者の死を悼む」などとありました。

確かに日頃、死に直面でもしない限り生きている実感などないことが殆どですが、それでもやはり日常に戻るのが一番大事です。生きているからと余計な十字架を背負うことはないと思うのですよね。

それでなくとも熱中症、水難、危険の多い季節です。

そんな折、本書を手に取られた皆様は、比較的と申しますか、少なくとも身に迫った脅威のない環境で読書なさったと推測します。

どうか皆様、その安全を片時も手放さぬよう心よりお祈りして、謝辞に代えさせていただければと思います。

本書に書かれたあらゆる恐怖、不幸、不安が、皆様から少しでも遠くにありますように。

来年またお会いしましょう。

夜

本書の執筆に入る直前。伯父の車のボンネットに仔猫が潜入し、うちまでやって来た。

生後六週ほどのキジトラの鉢割れである。

「……なんてこった。え、伯父さん何分ぐらい運転してたの？」

「家からだから、二十分……。こいつ、よく無事だったなぁ」


いわゆる「猫バンバン」――駐車中の車の中に、暖を取ろうと入り込んだ猫を追い払う、ＪＡＦ推奨の事故予防法を御存知の方は多いと思うが、これは六月の話だった。

我々は取り急ぎそれを捕獲し、段ボール箱の中に放り込んだ。

しっぽの細い、痩せっぽちの雄。あまり栄養状態は良くない。

手足や耳に真菌と思しきものがちらほらと繁殖しており、大変痒そうにしている。

それでも私が覗き込むと、小さな口を精一杯に開けて。

――フウゥーーッ！　と、威嚇してきた。


「それで、飼うことにするのね……？」

「まあ、しょうがないだろう。しばらくは隔離しておいて、黴を退治して、病気やなんかの検査をしたあとで先住の居る部屋に混ぜよう」

「……ふーん」

「でも俺、ちょっと原稿があるから。悪いんだけど、しばらく世話を頼むよ……」

私がそう言うと家内は半眼になり、仔猫と私とを見比べる。

「……じゃ、名前は私がつけてもいい？」

「それは……。う、うん。しょうがねえな……」

しばしの間ののち、ニマッと笑い——「じゃあ、ゴマ助ね！」と家内。

——産まれて来たことがそんなに嬉しいのか、ゴマのすけざむらいは今も、リビングの中を元気に走り回っている。やれやれ……。


それではまた、来年。

松

著者別執筆作品一覧

■松村進吉
最初の花
タダのもの
穴
まねかぬ
田舎の峠
蛇追い
元話
水を一杯
あの人
最後の客
天婦羅

■深澤夜
ノック
強制終了
中村さん
バタートースト
限界橋
バイパス
脇道
来る人、去る人
うんとこら
連れ

■原田空
遅喋
映写
塵埋
旅墟
例の件
アルコール依存症
見苦
失身

「超」怖い話 戊

2018年8月6日　初版第1刷発行

編著　松村進吉
共著　深澤 夜／原田 空

カバー　橋元浩明（sowhat.Inc）
発行人　後藤明信
発行所　株式会社　竹書房
〒102-0072　東京都千代田区飯田橋2-7-3
電話 03-3264-1576（代表）
電話 03-3234-6208（編集）
http://www.takeshobo.co.jp
印刷所　中央精版印刷株式会社

定価はカバーに表示しています。
落丁・乱丁本は当社までお問い合わせ下さい。

ISBN978-4-8019-1550-3 C0176